Merten Rabenau
13.7.1988

Handbuch Systematischer Theologie
Herausgegeben von Carl Heinz Ratschow
Band 17

Gütersloher Verlagshaus Gerd Mohn

Ulrich Mann

Das Wunderbare

Wunder – Segen und Engel

Gütersloher Verlagshaus Gerd Mohn

Handbuch Systematischer Theologie (HST)
Herausgegeben von Carl Heinz Ratschow

Das gesamte HST besteht aus den folgenden Bänden:

1. Oswald Bayer, Theologie
2. Albrecht Peters, Gesetz und Evangelium
3. Paul Wrzecionko, Wort Gottes

---

4. Carl Heinz Ratschow, Geist Gottes
5. Carl Heinz Ratschow, Jesus Christus
6. Jörg Baur, Gott

---

7. Erwin Quapp, Schöpfung
8. Albrecht Peters, Der Mensch
9. Jörg Baur, Sünde

---

10. Ulrich Kühn, Kirche
11. Ulrich Kühn, Sakramente
12. Albrecht Peters, Rechtfertigung

---

13. Martin Seils, Glaube
14. Oswald Bayer, Christliches Leben
15. Martin Schloemann, Hoffnung und Vollendung

---

16. Carl Heinz Ratschow, Die Religionen
17. Ulrich Mann, Das Wunderbare
18. Walter Sparn, Die Wirklichkeit

CIP-Kurztitelaufnahme der Deutschen Bibliothek

Handbuch systematischer Theologie / hrsg. von
Carl Heinz Ratschow. – Gütersloh: Gütersloher
Verlagshaus Mohn.
NE: Ratschow, Carl Heinz [Hrsg.]
Bd. 17. → Mann, Ulrich: Das Wunderbare

Mann, Ulrich:
Das Wunderbare: Wunder, Segen u. Engel / Ulrich
Mann. – Gütersloh: Gütersloher Verlagshaus Mohn, 1979.
(Handbuch systematischer Theologie; Bd. 17)
ISBN 3-579-04946-1

ISBN 3-579-04946-1

Satz: IBV Lichtsatz KG (5037), Berlin
Druck und Bindung: Hieronymus Mühlberger, Augsburg
Umschlagentwurf: Dieter Rehder, Aachen
Printed in Germany

Inhalt

Verzeichnis der Abkürzungen

Althaus, Paul:

CW	Die christliche Wahrheit. Lehrbuch der Dogmatik, 8. Aufl., Gütersloh 1969.
GD	Grundriß der Dogmatik, 4. Aufl., Gütersloh 1958.

Barth, Karl:

KD	Kirchliche Dogmatik, 13 Bde., Zollikon-Zürich 1932ff.
BSLK	*Bekenntnisschriften* der evangelisch-lutherischen Kirche, 6. Aufl., Göttingen 1967.

Calvin, Johannes:

Inst.	Institutio Christianae religionis, letzte Ausg. 1559.
OS	Joannis Calvini Opera selecta, hg. von Peter Barth und Wilhelm Niesel, München 1926ff.
CR	*Corpus reformatorum.*

Elert, Werner:

CG	Der christliche Glaube. Grundlinien der lutherischen Dogmatik, 5. Aufl., Hamburg 1956.
CE	Das christliche Ethos. Grundlinien der lutherischen Ethik, 2. Aufl., Hamburg 1961.
LLA	Die Lehre des Luthertums im Abriß, Erlangen 1978.
ML	Morphologie des Luthertums, Bd. I und II, 3. Aufl., München 1965.

Luther, Martin:

WA	M. Luther Werke, kritische Gesamtausgabe, Weimar 1883ff.
WA.B	Briefwechsel.
WA.DB	Deutsche Bibel.
WA.TR	Tischreden.

Melanchthon, Philipp:

StA	Studienausgabe, hg. von Robert Stupperich, Bd. II, 1 und 2, Gütersloh 1952.

Tillich, Paul:

ST	Systematische Theologie, Bd. I–III, Stuttgart 1955–1966.
GW	Gesammelte Werke, Stuttgart 1959ff.
GWErg.	Ergänzungs- und Nachlaßbände, Stuttgart 1971ff.

Weber, Otto:
GD Grundlagen der Dogmatik, Bd. I und II, 2. Aufl., Neukirchen 1959.

Einleitung zum Handbuch Systematischer Theologie

In der theologischen und kirchlichen Debatte der Gegenwart vertreten die evangelischen Theologen und Kirchenführer das »Erbe der Reformation« nach wie vor in der Meinung, daß sich die Grundüberzeugungen der Reformatoren auch heute als angemessener Ausdruck christlichen Welt- und Selbstverständnisses erweisen. Die Kirchenordnungen der evangelischen Kirchentümer basieren das kirchliche Leben auf die Einsichten der Reformatoren, wobei das sola scriptura eine ebenso große Rolle spielt wie das sola fide. In den Präambeln der Kirchenverfassungen werden die Confessio Augustana samt der Apologie und anderen Bekenntnissen des 16. Jahrhunderts herangezogen. Wird diese Bekenntnisbindung auch inhaltlich verantwortet? Geht die Bindung an die Glaubensüberzeugung der Reformatoren und deren theologische Ausprägung heute über eine bloße Versicherung hinaus?

Diese Frage drängt sich auch auf, wenn man das innerevangelische kirchliche und theologische Gespräch verfolgt. Dafür *zwei* Beispiele: *Erstens:* Bei den Verhandlungen des Lutherischen Weltbundes in Helsinki 1963 wurde deutlich, daß das theologische Kernstück der Theologie Luthers, die Rechtfertigungslehre, den Vollzug evangelischen Glaubens offenbar nicht mehr so angemessen zu beschreiben vermag, wie das einmal der Fall war. Zwar kann man die historische Bedeutung dieses Lehrstückes gut begreifen, aber der Glaube evangelischer Christen ist aus der Glaubens-Frage und Glaubens-Antwort offenbar ausgewandert, die hinter der Rechtfertigungslehre steht. *Zweitens:* Bei den Lehrgesprächen zwischen den lutherischen und den reformierten Kirchen konnten in der Neuzeit konkordienartige Vereinbarungen getroffen werden, die im 16. Jahrhundert nicht zu erreichen waren.

Die Frage ist also unabweisbar, ob das vielberufene »reformatorische Erbe« heute mehr ist als eine verbale Kennzeichnung, der kein Inhalt mehr entspricht? Freilich muß diese Frage differenzierter gestellt werden. Ganz bestimmte Positionen scheinen sich ohne tiefgreifende Veränderungen durchgehalten zu haben. Es gibt im Gemeindebewußtsein der Gegenwart aber auch Grundüberzeugungen, die als evangelisch gelten, obwohl sie nicht durchweg auf reformatorische Motive des 16. Jahrhunderts zurückgehen, wie z. B. ein fundamentalistisches Bibelverständnis oder eine liberale, um nicht zu sagen lässige Auffassung dessen, was im evangelischen Christentum denn nun zu glauben sei. Es ist gewiß nicht leicht, solche Phänomene exakt zu beschreiben. Allerdings ist ohnedies nicht zu erwarten, daß sich der theologische Ausdruck des Glaubens über so bewegte Jahrhunderte, wie das 18. und 19. Jahrhundert es waren, hinweg unverändert erhalten haben sollte.

Von dem geistigen Umschwung, der sich mit der Aufklärung vollzog und mit

dem Idealismus zunächst konsolidiert zu sein schien, der sich aber bis in die Gegenwart hinein fortsetzt, ist nicht nur das theologische Denken, sondern auch das unmittelbare Selbstverständnis des Glaubens beeinflußt worden. Die theologische Reflexion war von dieser Wandlung allerdings besonders stark betroffen, weil die denkerische Selbst- und Weltvergewisserung seit dem 16. Jahrhundert radikalen Veränderungen unterlag. Zwar kann man bezweifeln, ob es in den letzten drei Jahrhunderten zu tieferen Einsichten oder angemesseneren Begriffsbildungen gekommen ist. Aber auch der christliche Glaube selbst hat sich den Wandlungen dieser Jahrhunderte nicht zu entziehen vermocht, zumal sie ihm nicht selten unbewußt blieben. Zu tief greift etwa die naturwissenschaftliche Weltanschauung und in ihrem Gefolge die Technisierung der Welt und die Umschichtung der Gesellschaft in das Sinngefüge und das Weltverhalten der Christen ein. Der Glaube versteht sich vor diesem Hintergrund in vieler Hinsicht anders als zur Zeit der Reformation.
Gewiß sind die grundmenschlichen Faktoren von Liebe und Tod, Freude und Leid, Schuld und Vergebung geblieben, wie sie immer waren. Aber der Horizont dieser Erfahrungen hat sich geändert, vor allem das Zeit- und Raumbewußtsein. Und gerade dieses Zeit- und Raumbewußtsein läßt jene grundmenschlichen Faktoren in je eigener Weise erfahren. Die Menschen sind so gut und so böse, wie sie eh und je waren. Aber wie sie sich nach Grund und Ziel in ihrer Güte wie in ihrer Bosheit selbst sehen, das hat sich gewandelt. Das besagt viel. Die hohe Reizschwelle des modernen, weltweit wohlinformierten Menschen macht ihn gegen Erschütterungen taub, von denen der christliche Glaube einst bestimmt war; und was den heutigen Menschen trösten kann, das ist nicht mehr ohne weiteres der »liebe jüngste Tag«.
Man muß also annehmen, daß sich nach vier Jahrhunderten seit der Reformation der christliche Glaube im Widerschein der eigentümlich neuzeitlichen Beleuchtung ebenso andersartig darstellt und versteht, wie sich der denkerische Ausdruck des Glaubens unter den Bedingungen, die das moderne Denken setzte, verändert hat. In diesen Überlegungen liegt die Arbeitshypothese dieses Handbuches Systematischer Theologie (HST). In diesem HST wollen wir den Versuch machen, an wichtigen systematisch-theologischen Fragestellungen zu zeigen, ob, wie und warum sich der theologische Ausdruck des evangelischen Glaubens seit der Reformation verändert hat. Aufgrund solcher Veränderungen wird man vielleicht auch etwas darüber sagen können, ob und wie sich der Glaube evangelischer Christen gewandelt hat, der hinter dem theologischen Ausdruck liegt. Eigentlicher Beobachtungsgegenstand ist jedoch die Systematische Theologie: der Schluß auf den Glauben selbst wird nur zum Teil und nur mit Vorsicht gezogen werden können.
Die Aufgabe, die wir uns in dieser Arbeit gestellt haben, besteht also darin festzustellen, ob und wie sich der theologische Ausdruck des evangelischen Glaubens vom 16. zum 20. Jahrhundert verändert hat. Die einzelnen Beiträge

werden das Ausmaß dieser Veränderung sehr verschieden darstellen. Man kann aber das Ganze des Prozesses nur an den konkreten Einzelfragen überhaupt erfassen.
Diese Aufgabe verlangt eine strenge Beschränkung in der Auswahl und Darstellung des Stoffes. Es ist weder möglich, die gesamte Theologie der Reformatoren darzustellen, noch kann die evangelische Dogmatik des 20. Jahrhunderts auch nur annähernd umfassend behandelt werden. Wir hoffen, an exemplarisch ausgewählten, einzelnen theologischen Ausdrucksgestalten das Ganze repräsentativ erörtern zu können. Aufgrund eingehender Beratungen über die Stoffe des 16. und des 20. Jahrhunderts wollen wir versuchen, die gestellte Aufgabe an folgenden Einzelthemen zu lösen: 1. Theologie; 2. Gesetz und Evangelium; 3. Wort Gottes; 4. Geist Gottes; 5. Jesus Christus; 6. Gott; 7. Schöpfung; 8. Der Mensch; 9. Sünde; 10. Kirche; 11. Sakramente; 12. Rechtfertigung; 13. Glaube; 14. Christliches Leben; 15. Hoffnung und Vollendung; 16. Die Religionen; 17. Das Wunderbare; 18. Die Wirklichkeit.
Unsere Beratungen und Vorarbeiten haben gezeigt, daß dieses Handbuch in allen seinen Einzelbeiträgen dieselben Bezugsfelder haben muß, damit ihre Ergebnisse miteinander verglichen werden können. Darum sind die Einzelbeiträge im wesentlichen gleich aufgebaut. In jedem Beitrag werden folgende *drei* Schritte vollzogen:

A. Erstens muß die reformatorische Position erhoben werden. (Nur in besonderen Fällen wird von der Theologie des 20. Jahrhunderts ausgegangen werden müssen.) In allen Beiträgen wird dies an Luther, Melanchthon und Calvin geschehen. Die Behandlung der Reformatoren soll aber nicht Selbstzweck sein. Es geht uns beispielsweise nicht darum, eine neue Deutung der Ekklesiologie Luthers vorzulegen. Es geht uns auch nicht um eine Darstellung der theologischen Entwicklung Luthers oder Calvins. Wir wollen die reformatorischen Positionen vielmehr zum Vergleich mit der Theologie des 20. Jahrhunderts möglichst übersichtlich zusammenstellen. Zu dieser Beschränkung zwingt nicht nur der Umfang, der dem einzelnen Beitrag zur Verfügung steht, sondern auch die Absicht des Ganzen. Wir haben daher vereinbart, daß wir *Luther, Melanchthon* und *Calvin* nur nach ihren Spätwerken darstellen wollen. Das heißt für Calvin nach der Institutio von 1559, für Melanchthon nach den Loci von 1559. Für Luther ist eine entsprechende Auswahl schwierig. Wir haben uns auf die Disputationen, die in WA 39 I.II abgedruckt sind, geeinigt. (Diese Disputationen sind zwar kein geschlossenes Werk, aber ihr literarisches Genus verleiht ihnen eine gewisse Einheitlichkeit.)
Wir wollen in den einzelnen Fragestellungen die Reformatoren nach diesen Texten zur Sprache kommen lassen. Die explizite Auseinandersetzung mit der Sekundärliteratur ist nicht beabsichtigt, sondern die möglichst profilierte Darstellung der primären theologischen Aussagen selbst.

Dieses Verfahren hat seine Mängel. Einmal werden z. B. in der Christologie manche Feinheiten und gewisse Besonderheiten der Christologie Luthers nicht auftauchen, weil sie in den genannten Disputationen nicht vorkommen. Trotzdem wird sich ein zutreffendes Bild der christologischen Überzeugungen Luthers ergeben, wenn es der Darstellung gelingt, Luther authentisch zur Sprache zu bringen. Sodann wird es sich an einzelnen Stellen zeigen, daß die Disputationen Luthers, aber auch die Loci Melanchthons für bestimmte Fragestellungen nichts hergeben. Dann wird man ausnahmsweise auf andere Texte zurückgreifen müssen. Es wird freilich die Ausnahme bleiben müssen, um die Vergleichbarkeit der einzelnen Beiträge nicht zu gefährden. Nur bei gleichen Textbezügen ist es möglich, die einzelnen Beiträge quer zu lesen und damit de facto eine Gesamtdarstellung der Theologie Luthers nach seinen Disputationen, Melanchthons nach seinen letzten Loci und Calvins nach der Institutio letzter Hand zu bieten. Ein solcher Vergleich ist notwendig, wenn man die Veränderungen der theologischen Positionen an mehreren oder eben an allen Teilstücken nebeneinander erkennen will.

B. Zweitens muß die Position der modernen evangelischen Theologie erhoben werden. In diesem Teil ist eine analoge Beschränkung notwendig. Wir haben uns darauf geeinigt, die Dogmatiken von *Paul Althaus, Paul Tillich* und *Karl Barth* zugrunde zu legen. (Gelegentlich muß P. Althaus durch Werner Elerts Dogmatik ergänzt werden; auch für K. Barth wird manchmal Otto Webers Dogmatik herangezogen.)
Die Darstellung dieser drei Werke kann wiederum nicht Selbstzweck sein. Es ist z. B. nicht möglich, die Genese der Gedanken Paul Tillichs bis zu seiner Systematischen Theologie zu verfolgen, obwohl vieles in seinem Werk sich erst einer solchen Betrachtung ganz erschließt. Es wird auch nicht möglich sein, die Kirchliche Dogmatik von Karl Barth in ihrer ganzen Breite darzustellen. Wir werden uns auf die Herausarbeitung der Hauptlinien beschränken müssen. Aber je deutlicher diese Hauptlinien hervortreten, je konzentrierter das Wesentliche eines Lehrstückes herausgearbeitet ist, desto klarer werden die Konturen im ganzen. Auch in diesem zweiten Teil geht es um eine möglichst authentische Darstellung. Selbstverständlich hat diese wie jede Darstellung interpretativen Charakter, und die Meinung der einzelnen Bearbeiter wird zutage treten. Eben dadurch soll aber die Aufmerksamkeit wiederum auf die Aussagen Althaus', Tillichs und Barths selbst gelenkt werden.

C. In einem dritten Teil müssen die theologischen Positionen der Reformatoren (A) und der Theologen des 20. Jahrhunderts (B) aufeinander bezogen werden. Dies kann nur in *drei* einander bedingenden Schritten geschehen. *Erstens* sind die Verschiedenheiten in den Aussagen zur selben Sache festzustellen. Es ist zu fragen, was in den einzelnen Lehrstücken anders gesagt

und definiert wird. Hierher gehört auch zu fragen, ob sich der gedankliche Ausdruck eines Gehaltes oder dieser Gehalt selbst geändert hat. Dabei ist von Belang, ob ganz bewußte Korrekturen, wie bei der Zweinaturenlehre, oder ob kaum bemerkte innere Verschiebungen, wie bei der Sakramentslehre, vorliegen. *Zweitens* muß untersucht werden, ob sich diese Veränderungen erklären lassen: ob Veränderungen in der theologischen Denkstruktur bzw. in der Struktur des Denkens überhaupt, oder ob Wandlungen im Selbstverständnis des evangelischen Glaubens selbst dazu führten. Dazu wird man eventuell auf theologische Zwischenstationen, etwa bei Leibniz, Lessing oder Schleiermacher, oder auf die geistesgeschichtliche Wende der Aufklärungsphilosophie und des Idealismus, oder auf die vitalistischen und existentialistischen Denkversuche des 20. Jahrhunderts verdeutlichend hinweisen müssen. *Drittens* muß berücksichtigt werden, daß Tendenzen theologischen Denkens neben und nach den behandelten Dogmatiken des 20. Jahrhunderts zum Teil in ganz andere Richtung weiterführen. Seit dem Abschluß der genannten Dogmatiken wurde in vielen Lehrstücken Neuartiges gedacht, das sich zu den reformatorischen Gedanken ebenso fremd verhält wie zu den modernen Dogmatiken. Diese Tendenzen theologischer Neuorientierung werden abschließend notiert und womöglich mit dem durchgeführten Vergleich in Beziehung gebracht werden.
Soweit die Aufgabenstellung, die Inhalte und der Aufbau des Handbuchs Systematischer Theologie. Während der Vorarbeiten ist uns deutlich geworden, daß das HST nicht etwa eine Super-Dogmatik werden kann und soll. Die einzelnen Beiträge wie das Gesamtwerk haben auch nicht die dogmatische Meinung des jeweiligen Mitarbeiters als solche zum Thema. Vielmehr soll eine Art Hilfsarbeit für das dogmatische Denken geleistet werden. In allen *drei* Arbeitsschritten kommt es uns daher auf möglichst *sachliche* Feststellungen an, die unserer Eigenmeinung nur *indirekt* Raum geben. Es ist uns aber auch sehr deutlich, daß die einzelnen Beiträge ihren Gegenstand nicht systematisch-theologisch erschöpfend behandeln können. Sie wollen nicht selbst die einzelnen Lehrstücke neu begründen, sondern feststellen, ob und wie zwischen dem 16. und dem 20. Jahrhundert Veränderungen in ihnen stattgefunden haben, ob in der Substanz der Sache oder ihrem begrifflichen Gerüst, und ob über die bearbeiteten Dogmatiken des 20. Jahrhunderts hinaus die Tendenz zu weiteren Veränderungen sichtbar wird.
Die Kenntnis der »Hilfsarbeit«, die wir hier vorhaben, kann nach unserer Überzeugung von großer Wichtigkeit für die weitere systematisch-theologische Arbeit sein. Sie trägt dazu bei, die Veränderungen seit dem 16. Jahrhundert zu verstehen und zu beurteilen. Die Klarheit hierüber dient nicht nur dem Studium und der Wissenschaft, sondern ist auch für die Selbsteinschätzung der evangelischen Kirchen, speziell für die Frage der Bekenntnistreue und der Ordinationsverpflichtung, von Belang.

Wir haben in unseren Beratungen auf dem Schwanberg lange Zeit angenommen, dieses Werk könne in zwei oder drei Bänden geschlossen erscheinen. Dies hätte den Vorteil gehabt, daß der Benutzer immer das Ganze zur Hand gehabt hätte, um zwischen einzelnen Punkten vergleichen zu können. Inzwischen hat sich aber gezeigt, daß solche voluminösen Bände verlegerisch und buchhändlerisch nicht mehr zu kalkulieren sind. Daraufhin haben wir uns entschlossen, die einzelnen Beiträge in Lieferungen erscheinen zu lassen. Dies hat überdies den Vorteil, daß die Mitarbeiter zeitlich weniger voneinander abhängen und daß die einzelnen Teile des Werkes auch je für sich erworben werden können. Da die Einzelbände jedoch insgesamt subskribiert werden können, ist dem Ganzen kein Abbruch getan. Die bisherigen Vorarbeiten lassen hoffen, daß die Beiträge einander in nicht zu großen Abständen folgen werden.

Für die Mitarbeiter: Carl Heinz Ratschow

Vorbemerkung

Unter Wunder soll in diesem Zusammenhang sowohl das einzelne mirakulöse Ereignis begriffen werden, wie auch das Hereinbrechen des Göttlichen in die Welt im denkbar weitesten Sinn. In diesem letztgenannten Sinn ist dann schließlich der Begriff des Wunders mit dem der Offenbarung überhaupt identisch; und doch geht der Begriff des Wunders niemals völlig in dem der Offenbarung auf, er deckt vielmehr, vom eingebürgerten Sprachgebrauch her, immer noch vorwiegend jenen Bereich ab, der von dieser offenbarungsbezogenen Mitte bis zur Sphäre der staunenerweckenden Mirakel reicht. Innerhalb eben dieses Bereichs sind aber noch zwei weitere, mit dem Wunderbegriff nah verwandte Begriffsgruppen des allgemein religiösen Daseinsverständnisses angesiedelt: Es handelt sich einmal um die sich innerweltlich als schicksalsbestimmend manifestierende Auswirkung des göttlichen Waltens, die in objektivierender Weise als »Segen« oder »Fluch« bezeichnet wird; zum andern sind es jene personhaften Zwischenmächte, die sich ebensowenig wie Segen und Fluch einfach in den Kausalnexus des innerweltlichen Geschehens einfügen lassen, die »Engel« und »Dämonen«. Beide Begriffsgruppen bezeichnen in der Religion allgemein, also keineswegs nur im christlichen Sprachgebrauch, jene numinosen Machtwirkungen oder Größen, die einerseits die vermeintliche Geschlossenheit der sogenannten »Immanenz« durchbrechen, andererseits die göttliche und die weltliche Sphäre in einer eindeutig und einseitig von jener ausgehenden Dynamik miteinander verbinden; das gilt auch für das scheinbar selbständige Unheilswirken der dämonischen Mächte, insofern sie nach theologischem Verständnis nur innerhalb von Gottes Heilsplan und also unter Gottes durchaus zielbestimmtem »Zulassen« zu wirken vermögen.
Systematisch gesehen gehören die dämonischen Mächte in den Aspekt des Widergöttlichen, müßten also im Zusammenhang mit der Lehre vom Satanischen, vom Teufel behandelt werden; analog gilt für die Engel, daß sie insofern in die Gotteslehre gehören, als sich in ihnen unverfälschte Gottebenbildlichkeit manifestiert. Andererseits gehören jedoch die Dämonen wie der Teufel, aber ebenso die Engel, auch in die Schöpfungslehre hinein. Blickt man aber auf jene Polarität, die sich als Vermittlung von Immanenz und Transzendenz manifestiert, so ist es systematisch durchaus sinnvoll, wenn wir hier Segen und Fluch wie Engel und Dämonen unter dem Oberbegriff des Wunders behandeln. Daß wir uns dabei auch mit dogmatischen Lehrstücken wie Hamartiologie, Christologie und Eschatologie überschneiden, um nur die wichtigsten zu nennen, versteht sich von selbst. Auf eine Darstellung des Lehrstücks vom Teufel soll in diesem Zusammenhang aber verzichtet werden, denn das Wesen des Satanischen liegt doch so sehr in seiner personhaften Gegnerschaft zur Gottperson selbst, daß dieses Thema sinnvollerweise besser im Zusammenhang der Gotteslehre und der Christologie abzuhandeln ist, als in dem hier vorgesehenen.
Bei den Reformatoren sind die Schriften, welche im Rahmen dieses Handbuchs als Vergleichsbasis dienen sollen, hinsichtlich der hier zu erörternden Stichworte bedeutend weniger ergiebig als andere Texte; es wird daher in diesem Ausnahmefall notwendig sein, in erheblichem Ausmaß weitere Belege zu untersuchen.

Für ihre Hilfe bei der Quellenarbeit, Registeranfertigung und Korrektur möchte ich meinen Mitarbeitern Traude Graumann-Budenz, Ursula Loeffler-Winkelmann, Friedbert W. Bickelmann und Peter Kuntz herzlich danken.

Der Verfasser

A. Reformation

I. Wunder

a) Allgemeines

Anders als viele rein oder vorwiegend christlich geprägte theologische Begriffe (z. B. Christus, Kirche, Sakrament u. a. m.) hat der des Wunders seinen festen Platz in allen Religionen (was in annähernd gleicher Weise auch für Segen und Fluch, Engel bzw. Genien und Dämonen gilt). Zum Verständnis der reformatorischen Aussagen über das Wunder ist es daher unerläßlich, zunächst einen Blick zu werfen auf die spezifisch biblische, insbesondere neutestamentliche Ausprägung dieses Begriffs.

Die wichtigsten griechischen Ausdrücke[1], die im Deutschen mit dem Begriff des Wunders wiedergegeben werden, sind enthalten in den Vokabelgruppen um die Wurzelbegriffe »thauma« und »teras«. Thauma, als Ausdruck für das Staunenerweckende, verwandt mit theâsthai und theatron, gehört in der Frühzeit vor allem zur Göttererscheinung (Epiphanie); im Lauf der Zeit dominiert dann die Bedeutung des Mirakulösen überhaupt, bis der Begriff schließlich philosophisch aufgefangen wird, bes. bei Platon und Aristoteles, bei welch letzterem es heißt: durchs Staunen kamen die Menschen zum Philosophieren (Metaph. I 2, 982 b 12); die wissenschaftliche Erkenntnis der Kausalität löst also das Rätsel des wunderhaft Erscheinenden. Teras als Ausdruck für das Exorbitante gehört in der Frühphase vor allem zu Zeus und seinen Epiphanien, es hat einen noch mehr religiös bestimmten Charakter als thauma; so bleibt es in der Folgezeit, teras drückt auch in der Spätphase der griechischen Religionsgeschichte vorwiegend ein mit Zeus in Verbindung gebrachtes Geschehen aus. Für den Philosophen jedoch wird dann teras zum Begriff des Widernatürlichen, und das hat bei Aristoteles, trotz all seiner Behutsamkeit hinsichtlich religiöser Fragen, doch einen recht negativen Sinn. Wenn in der Folgezeit dann die mittelalterliche Scholastik sich, einerseits, dem neutestamentlichen Begriff des Wunders (teras) bleibend verpflichtet fühlen muß, andererseits aber doch an Aristoteles anzuschließen versucht, so muß hier aus dem »Widernatürlichen« das »Übernatürliche« werden.

Das griechische Wort teras dient in der Septuaginta zur Wiedergabe des hebräischen »mofet«; beide Vokabeln entsprechen einander recht gut: auch mofet meint einerseits das Staunenerweckende und es ist andererseits ganz auf Gott bezogen, »sein Autor ist letztlich immer Gott« (Rengstorf, a. a. O. 118). Daneben wird das Wunder im AT häufig auch als »ot« bezeichnet: ot heißt Zeichen, griechisch »semeion«, ist aber im Unterschied zu mofet kei-

1. Zum Folgenden wie auch zum alttestamentlichen und neutestamentlichen Befund s. bes. Kittels ThW VIII, 113ff. (Rengstorf).

neswegs immer mit einem theologischen Sinn verbunden, wie das dann bei Johannes der Fall ist.
Im neutestamentlichen Sprachgebrauch fällt auf, daß das für das AT so wichtige teras als alleinstehende Vokabel völlig fehlt; Jesu Wunder, dann auch die der Apostel, werden mit »dynamis« (Krafttat) wiedergegeben, wodurch vor allem der Umstand hervorgehoben werden soll, daß Jesus bzw. der Hl. Geist selbst die Urheber des Wunders sind. Nur in der Apostelgeschichte wird teras gebraucht, aber immer in Verbindung mit semeion (Zeichen), wodurch deutlich auf die Urheberschaft Gottes verwiesen wird; sicher spielt hierbei auch die Rücksicht auf gebildete Griechen eine Rolle, für die teras allein verwendet doch schon zu sehr das Widernatürliche hervorhob.
Semeion hat dann im johanneischen Sprachgebrauch seinen vollen theologischen und christologischen Rang erhalten: Die Entscheidung des Menschen gegenüber der Christusoffenbarung liegt darin, ob er Zeichen zu sehen vermag oder bloß Mirakel. In diesem Sinn kann der Begriff semeion sogar gegenüber dem Mirakulösen an einem Wundergeschehen antithetisch verwendet werden (Joh 6,26). Dennoch wäre es falsch, hier nun eine Wende im Wunderverständnis zum rein Spiritualistischen hin sehen zu wollen. Die sieben Großwunder spielen in der Komposition des Johannesevangeliums eine entscheidende Rolle, sie haben eschatologischen Rang und Sinn. Alles steht unter der Voraussetzung von Joh 1,14 (Fleischwerdung des Worts). Semeion meint im johanneischen Verständnis nicht etwas sozusagen neben dem Mirakulösen Stehendes, so daß es etwa auch ohne das letztere ginge, es bedeutet vielmehr die höhere Dimension, die das eine und selbe materielle Mirakelgeschehen umgreift, welch letzteres alleingenommen freilich immer einen ambivalenten Charakter hat; erst der Glaube, welcher das Mirakel als *Zeichen* erkennt, erschließt die theologische Dimension.
Dieser Sachverhalt wird heute am besten wiedergegeben durch den Begriff des *Symbols.* Das Mirakel allein erweckt nur Staunen; doch der Symbolbegriff drückt aus, daß hier zwei Dimensionen, die rein immanente und die theologische, zu einer Sinneinheit zusammenwachsen wollen. Damit hat also der johanneische Zeichenbegriff die Thematik aufgerollt, die in der weiteren Theologiegeschichte, insbesondere dann von der Reformationszeit bis zur Gegenwart, unter stets wechselnden Aspekten abgehandelt werden sollte.
Die reformatorischen Aussagen über das Phänomen des Wunders sind nur verständlich im Zusammenhang mit den zeitgenössischen Vorstellungen über das Verhältnis von Natur und Übernatur. Diese metaphysischen und ontologischen Fragestellungen hatten in der scholastischen Theologie immer eine erhebliche Bedeutung gehabt. Man hat von Seiten protestantischer Kontroverstheologie aus schon in der Reformationszeit, dann wieder seit dem ausgehenden neunzehnten Jahrhundert, der Scholastik hieraus den stärksten Vorwurf gemacht.

In der Tat kann man mit gewissem Recht Luthers Ringen als einen Kampf gegen die philosophische Überfremdung der Theologie begreifen[2]. Doch muß man sich gerade bei der Beurteilung dieses Kampfs vor Einseitigkeiten hüten. Denn daß die Hochscholastik, wie dann später genauso die Neuscholastik der protestantischen Orthodoxie insbesondere seit Johann Gerhard, entscheidende Impulse durch die Metaphysik des Aristoteles empfing, muß einfach als unausweichliches Denkgeschick und als eine geistesgeschichtliche Notwendigkeit bezeichnet werden.

Ehe wir, in aller gebotenen Knappheit natürlich, im einzelnen diese aristotelischen Impulse in der Scholastik wie in der protestantischen Orthodoxie näher betrachten, ist an dieser Stelle zu dem eben verwendeten Begriff der Metaphysik einiges Erläuternde zu sagen, da er in den folgenden Darlegungen bis hin zur Neuzeit und zur Gegenwart immer wieder in einem spezifischen Sinn Verwendung finden wird. Wir wollen diesen Begriff, zum ersten, in einer ganz allgemeinen Bedeutung auffassen, wonach er, wie von Anfang an, »Grundwissenschaft« bedeutet, die als philosophische Disziplin ein Gesamtverständnis von Sein und Werden, Substanz und Stoff, Grund und Folge, Ursache und Zweck, Raum und Zeit und dergleichen zum Ziel hat. Diese philosophische Disziplin ist durchaus Wissenschaft, und zwar insofern, als sie heute, anders als in der vorkantischen Epoche, dieses Ziel immer nur anstrebt und stets auf dem Weg dahin ist; und sie ist Wissenschaft auch insofern, als sie, selbstkritisch, dieses Gesamtwissen niemals als eindeutig und objektiv vorhandenes – und liege es in den Sternen – ausgibt, sondern es stets nur als heuristisches Element, wenn man so will als »regulatives Prinzip« (im Sinn Kants) auffaßt.

Zum andern aber soll der Begriff der Metaphysik im folgenden durchweg auch dies einschließen, daß er ein wissenschaftlich geklärtes Gesamtdenken meint, welches, sich hierbei der von Kant aufgezeigten Grenzen der reinen Vernunft stets bewußt, sich nicht dem vom modernistischen Zeitgeist aufgestellten Gebot des völligen Agnostizismus hinsichtlich der Grundwirklichkeit des Seienden unterwirft, sondern, als sozusagen »religiöse Metaphysik«, die Inhalte des Glaubens auch in philosophisch abgeklärter wie auch philosophisch diskussionsfähiger Begrifflichkeit zur Sprache bringt. Mit andern Worten, Metaphysik in diesem zweitgenannten Sinn hat Entwurfscharakter und behält ihn stets, und entworfen wird hierbei je und je ein Zielbild für ein letztes Wirklichkeitsverständnis, wie es sowohl für jede »denkende Religion« in unserer Zeit unabdingbar ist, und wie es andererseits aber auch, bei aller Ernstnahme sachgemäßer Kritik an solchen Zielbildern, von Seiten der Philosophie her bis zur Gegenwart zumindest als diskussionsfähiges Denkproblem

---

2. *Wilhelm Link:* Das Ringen Luthers um die Freiheit der Theologie von der Philosophie, 2. Aufl., München 1955.

anerkannt wird[3]. Man könnte eine solche religiöse Metaphysik auch als »indirekte Metaphysik« bezeichnen, welcher Begriff bei den folgenden Erwägungen gelegentlich vorkommen wird; indirekt ist solche für die Religion unentbehrliche Metaphysik insofern, als sie weder ein festes und abgeschlossenes Denksystem im Sinn einer axiomatischen Prämisse sein will, noch als ebenso festes Denksystem den Abschluß des Glaubensdenkens abzugeben beansprucht[4].

---

3. Vgl. zum vieldiskutierten Verhältnis von Glauben und Denken neuerdings bes. *C. H. Ratschow:* Das Christentum als denkende Religion, in: NZSTh 5 (1963), S. 16ff. – Zur fortdauernden Aktualität der »Metaphysik« auch in der gegenwärtigen Philosophie s. *W. Weischedel:* Der Gott der Philosophen, 3. Aufl., Darmstadt 1975.

4. Der hier verwendete Begriff von Metyphysik ist also gleichsam als offen, unabgeschlossen, chiffrenhaft zu bezeichnen; er ist »indirekt«, insofern Metaphysik als Reflex (sc. der religiösen Erkenntnis) aufzufassen ist und nicht als »direktes« Ergebnis induktiver oder deduktiver Beweisreihen. Der hier verwendete Metaphysik-Begriff hat, auch wenn er zur Kennzeichnung scholastischer Philosophie gebraucht wird, immer auch schon bewußt Kant und die nachkantische Metaphysik-Kritik im Rücken: denn anders geht das m. E. einfach nicht, *wir selbst* haben, ob wollend oder nicht wollend, eben diese Kritik »im Rücken« – und trotzdem sei, wenigstens andeutend, ein neues, »indirektes« Ja zur Metaphysik gewagt. Nur wo ausdrücklich das von Andronikos von Rhodos »Metaphysik« genannte Werk des Aristoteles gemeint ist, bleiben die sonst hier vorausgesetzten Implikationen außer Betracht. Andererseits ist, wie wir im Verlauf unserer Darstellung sehen werden, auch da, wo wir bei den Reformatoren von »Philosophen« und »Sophisten« hören, meist in polemischer Ablehnung, manchmal jedoch auch in zurückhaltender Zustimmung, gelegentlich dann auch im Sinn eines noch tastenden Suchens nach einer »Philosophie neuer Art« (s. die hierfür klassische Äußerung Luthers WA 56, 371 f.), nicht nur an Logik und Erkenntnistheorie zu denken, vielmehr ist in allen Fällen auch die alte oder eben neue Metaphysik mitgemeint. Das gilt auch für Melanchthon, der zwar die stoische Metaphysik besonders deutlich bestreitet, aber, wie zu zeigen sein wird, dennoch letztlich auf eine »indirekte Metaphysik« neuer Art hinzielt. – Das für unseren Zusammenhang besonders wichtige fundamentale Problem, wieweit das metaphysische Denken des Aristoteles in Gegensatz zum christlichen Denken steht und wieweit es sich dennoch einer christlichen Umbildung und Ergänzung gefügig zeigt (bes. bei Thomas v. Aquin) ist mit hervorragender Sachkenntnis und zugleich in einzigartiger Knappheit und Deutlichkeit dargelegt bei *E. Hoffmann:* Platonismus und christliche Philosophie, Zürich und Stuttgart 1960, S. 337–352.
Wichtige Beiträge aus der Metaphysikdiskussion der letzten Zeit liegen in Auswahl vor in dem Sammelband Metaphysik, hg. von *G. Jánoska* u. *F. Kauz,* Darmstadt 1977 (Wege d. Forschung). Gute Übersicht über die wesentlichsten Metaphysik-Auffassungen in der Traditionsgeschichte von Aristoteles bis zum Anfang unseres Jahrhunderts in *R. Eisler:* Wörterbuch der philosophischen Begriffe, 2. Bd., Berlin 1929. – Eine auch für heutige Studien sehr aufschlußreiche Übersicht über sowohl philosophische wie auch theologische Bestreiter und Verteidiger der Metaphysik im 19. und frühen 20. Jahrhundert findet sich in der 1. Aufl. der RGG, Bd. IV, Sp. 335 (J. Wendland).

Nach dieser Vorerwägung greifen wir wieder das Problem auf, vor das die mittelalterlichen Scholastiker sich gestellt sahen. Im dreizehnten, wie dann wieder im frühen siebzehnten Jahrhundert, wurde für das theologische Denken die »Natur« (Physis) zu einer Denkaufgabe, die durch die herkömmliche biblische Schöpfungslehre allein nicht mehr zulänglich erfaßt und gelöst werden konnte. Und beidemal war schon innerhalb der Philosophie der Schritt von Platon zu Aristoteles nachzuvollziehen gewesen, besonders hinsichtlich der Thematik von Substanz und Bewegung. Die Physik, hier zu verstehen als zunächst noch rein philosophische Disziplin, drängte sich einfach unabweisbar dem Denken auf, und kein noch so gut gemeinter biblizistischer Tadel kann gegenüber der Wucht dieses Elementarereignisses wirklich verfangen, sowenig wie gegenüber den Erschütterungen des herkömmlichen theologischen Denkens durch die Naturwissenschaft unserer Zeit.

So gesehen war es also zunächst einmal unumgänglich, daß die Hochscholastik sich der Kategorien der aristotelischen Philosophie für die theologische Wirklichkeitserfassung bediente. Das innerweltliche Geschehen sah man bestimmt durch die »causae secundae« (Zweitursachen), das heißt durch Ursachen innerhalb des großen Kausalnexus der Natur. Alles was geschieht, hat seine Ursache in der Zeit, wie es später dann wieder Kant deutlich hervorgehoben hat. Zugleich aber war für die Scholastik alles wesenhaft bestimmt durch die eine und einzige »prima causa« (Erstursache), die identisch ist mit Gottes Schöpfungs- und fortlaufendem Erhaltungswirken. Gott hat es so eingerichtet, daß er normalerweise sich der Zweitursachen bedient, um seine Ziele im Weltgeschehen zu erreichen. Gottes Wirken läuft so gesehen immer über und neben dem durch Zweitursachen bestimmten Weltgeschehen mit, verborgen steuernd und führend, aber stets den geschlossenen Nexus der Zweitursachen respektierend, ja geheim ihn selbst kausierend und instituierend. Man spricht hierbei, besonders dann in der Neuscholastik der protestantischen Orthodoxie, vom »concursus divinus«, dem göttlichen Geleitgang mit dem Weltgeschehen.

In besonderen Fällen freilich, vor allem in den Zeiten, in denen der geheime göttliche Heilsplan sich geschichtlich aufs äußerste verdichtet, also in den Zeiten des Mose, der großen Propheten und dann besonders Jesu und der Apostel, bedarf es kräftiger Zeichen Gottes, die sich nicht einfach ins gewohnte Naturgeschehen einfügen lassen: das sind die biblischen Wunder. Hier wirkt Gott unmittelbar, und das heißt als Erstursache ohne Zweitursache. Damit ist das Problem des Wunders im Rahmen des aristotelischen Denkens befriedigend gelöst. Prinzipiell hält sich katholisch-thomistische Metaphysik auch heute noch an diesen Rahmen, und es ist billig, daran zu erinnern, daß sich auch die protestantische Metaphysik des siebzehnten Jahrhunderts, bei Fundamentalisten noch heute nachwirkend, genau an diese Kategorialitäten gehalten hat. Denn diese Kategorialitäten leisteten immerhin eine Synthese von biblischen und naturphilosophischen Denkprinzipien, die dem Bedürfnis nach Welt- und Wirklichkeitserklärung weit entgegenkommt.

b) Luther

L. hat bekanntlich gegen den Aristotelismus leidenschaftlich Protest erhoben und diesen Protest stets aufrechterhalten. Man kann seinen Protest auf die Formel bringen: Philosophie ist Menschenwerk; wo die Philosophie dem Evangelium ihre Form aufzwingt, hat die Werkerei sich über die freie Gnade gestellt. L. war mit diesem Protest zwar nie unphilosophisch, wohl aber entschieden antiphilosophisch. Dabei muß man sich auch vor Augen halten, daß L. von aufklärerischen Zweifeln etwa dem Wunder gegenüber noch völlig unberührt war, was man ja durchaus nicht von allen Denkern der Renaissancezeit behaupten kann. Für L. ist das Wunder im grundsätzlichen noch so selbstverständlich wie auch der Gottesgedanke.

L.s Gottesgedanke nun zeigt freilich der scholastischen Tradition gegenüber darin einen neuen Aspekt, daß hier der biblischen Offenbarung ein nicht nur partieller, sondern ganzheitlicher Vorrang gegenüber aller Metaphysik eingeräumt wird. Dennoch schaltet L. die Philosophie nicht völlig aus; wo sie sich für die Hermeneutik der Offenbarung als notwendig erweist und zugleich dieser eindeutig unterordnen läßt, da beruft er sich unbefangen auf sie, was mit zwei sehr markanten Beispielen belegt werden kann.

Erstens: In De servo arbitrio (WA 18) führt L. gegen den Humanisten Erasmus, der gegenüber den Dunkelheiten der Heiligen Schrift eine Zurückhaltung der Vernunft empfahl und sich damit bewußt in den Irrationalismus flüchtete, entschieden die Logik der Sprache ins Feld, wobei er natürlich ein sich in den Dienst des Glaubens stellendes Denken meint. Die Schrift ist klar genug und legt sich selbst aus, wann immer eine dem Glauben gehorsame Vernunft sie treulich zu erforschen trachtet.

Zweitens: In seinem großen Bekenntnis Vom Abendmahl Christi (WA 26), wo es darum geht, wie denn Christus leiblich allgegenwärtig sein könne, beruft L. sich sogar ausdrücklich auf die Scholastiker (von ihm Sophisten genannt) und sagt: »Die Sophisten reden hiervon recht, wenn sie sagen, daß es dreierlei Weise gibt, an einem Ort zu sein« (WA 26,327): und danach führt er sehr eingehend die in der Spätscholastik gängige, vor allem von Gabriel Biel vertretene metaphysische Lehre aus, wonach es erstens ein körperliches Hiersein gebe, zweitens ein unbegreifliches, wie es bei Geistern und Engeln der Fall ist, und schließlich noch eine besondere Weise des Anwesendseins, wie man sie von Gott zu lehren habe: dies ist ein das All erfüllendes und dennoch zugleich ein konkretes Da einschließendes Hiersein. Selbstverständlich hebt L. hiermit seinen grundsätzlichen Widerspruch gegen eine metaphysische Überfremdung der Theologie in keiner Weise auf; diese Darlegungen haben vorwiegend Hinweischarakter, sie wollen nicht als Ausdruck einer eigenständigen Raum-Metaphysik verstanden sein. Wollte man die genannte dritte Form des Anwesendseins, die L. als »repletive« bezeichnet, mit einem scholastischen Ausdruck charakterisieren, so scheint sich der Begriff des »Übernatürlichen« nahezulegen; doch will dabei bedacht sein, daß es sich hier mehr um verschiedene Dimensionen eines und desselben Wirklichkeitsbereichs handelt, für die die Kategorien der Immanenz und Transzendenz die geeigneteren sind. Adolf von Harnack hat L.s Rückgriff auf die scholastischen Kategorien in seiner Realpräsenzlehre hart getadelt und den Vorwurf erhoben, der Reformator habe damit seiner Kirche eine Christologie geschenkt, »die an scholastischem Widersinn die thomistische weit hinter sich ließ«[5], und Harnack hat dabei vorrangig ein statisches Schema von Natur und Übernatur im Auge; doch dieser Tadel basiert auf dem nicht sehr stabilen Fundament von Harnacks extremem Liberalismus nach dem Modell des ausgehenden neunzehnten Jahrhunderts: Gerade hier scheint vielmehr L. ein Denken zu vertreten, wie wir es mit dem Begriff der »indirekten Metaphysik« bezeichnet und als für religiöses Denken unverzichtbar bewertet haben. Die an dieser Stelle von L. ausgeleuchtete Dimension von Wirklichkeit ist in keiner Weise als statisch aufzufassen, sondern als dynamisches Gefüge, in welchem das Glaubensdenken den Hereinbruch von Transzendenz in die Immanenz erfährt und erfaßt. Dennoch darf es bei der grundsätzlichen Feststellung bleiben, daß L. hier bewußt auf die scholastische Tradition zurückgreift und von ihr aus dann ein freilich durchaus neues Modell von »indirekter Metaphysik« entwirft. Und dieses Modell ist nun der gedankliche Hintergrund für alle Aussagen L.s über das Wunder.

Vor diesem Hintergrund entwickelt L. dann freilich unbefangen zahlreiche Einzellehren, die ihrerseits ganz aus seiner neuen Gottesauffassung resultieren. Daraus erklären sich dann manche Spannungen in seiner Theologie, wie wir sie auch im Bereich des Wunderproblems durchgängig feststellen werden. Die Spannung liegt beim Wunderproblem vor allem darin, daß eine gewisse metaphysisch fundierte Kausalitätslehre einerseits, eine durch und durch personhafte und vom Wortverständnis her entwickelte Gotteslehre andererseits nunmehr in schärferen Widerstreit geraten, als dies bei den gewohnten Erst- und Zweitursachen der Fall war. Dennoch ließ sich das Kausalitätsproblem aus der Theologie nicht einfach verdrängen, und L. hat dem auch immer wieder bewußt Rechnung getragen.

Daß Gott der Verursacher von allem sei, diese religionsphilosophische Grundthese ließ sich auch bei einem radikalen Personalismus, der wo immer möglich in den Grenzen der Vernunft bleiben wollte, nicht einfach unterdrükken, anders wäre z. B. die Schöpfungslehre gegenüber der neuen Naturwis-

---

5. *A. v. Harnack:* Dogmengeschichte, 6. Aufl. 1922, S. 473.

senschaft überhaupt nicht zu halten gewesen. Andererseits liegt gerade hierin auch der Ansatz dazu, die Perspektive des Wunderhaften bewußt auszudehnen: Schon in sich wunderhaft erweist sich dann einerseits die Sphäre des Personhaften, andererseits aber auch die der Natur.
Insonderheit ist es wunderhaft und wunderbar, daß eine Person, zu der ich Du sagen kann, »Wolken, Luft und Winden« die Wege weist, ja die Planetenumläufe und sogar die Bewegungen der fernsten Galaxien lenkt. Schon Dante, die Weite der Möglichkeiten scholastischer Theologie hierin bestätigend, hat in den Schlußversen seiner Commedia Divina diesem Wunderbaren den sachgemäßen poetischen Ausdruck verliehen, wenn er die Liebe Gottes Sonne und Sterne bewegen läßt[6].
Völlig neu war also der Gottesgedanke der Reformatoren nicht, und sie selbst hätten das ja auch weit von sich gewiesen, wollten sie doch nichts anderes, als dem einen, alten ewigen Glauben wieder Geltung verschaffen. Dennoch darf man sagen, daß der reformatorische Gottesgedanke insofern neu war, als mit bis dahin ungekannter Beharrlichkeit darauf bestanden wurde, daß der Personhaftigkeit Gottes durchweg und systematisch eindeutig der unbedingte Vorrang gebühre gegenüber allen dogmatischen Bestimmungen, die vorwiegend dem metaphysischen Bedürfnis des Denkens Rechnung zu tragen suchten.
Versucht man, diesem dimensionalen Vorrang der Personhaftigkeit gerecht zu werden und dennoch zugleich dem metaphysischen Bedürfnis in Grenzen Rechnung zu tragen, so muß der Wunderbegriff eine Ausweitung erfahren. Diese Ausweitung muß geradezu universal werden; hier drängt sich unabweisbar die These auf, daß alles im Grund wunderhaft ist! Das Wunder ist dann nicht mehr primär das seltene, den gewohnten Kausalnexus durchbrechende Einzelereignis, sondern Gottes Schöpfungswirken im Ganzen; und erst von diesem denkbar weitesten Horizont aus gelangt man, von außen nach innen also, zur sachgemäßen Bestimmung und Erfassung des staunenerweckenden Einzelereignisses. L. hat es so gesehen. Zwei Zitate seien als Beleg für diese Grundanschauung wörtlich wiedergegeben:
»Wir sinds zwar also gewohnt, daß das Korn jährlich aus der Erden wächst, und durch solche Gewohnheit so geblendet, daß wir solches Werks nicht achten. Denn was wir täglich sehen und hören, das halten wir nicht für Wunder, und ist ja doch so groß, ja, wenn man recht davon reden soll, wohl (ein) größer Wunder, daß er aus Sand und Stein das Korn gibt, als daß er hie mit sieben Broten den Haufen speiset ...« (WA 22, 121, 5–10).

---

6. Dante, Paradiso, Canto Trentesimoterzo 143–145:
Ma già volgeva il mio disio e il velle,
Sì come rota ch'egualmente è mossa,
L'Amor che muove il sole e l'altre stelle.

»Gleich als daß uns itzt die Sonne täglich aufgeht (aufgehen), welches denn auch ein groß Wunderwerk ist, daß sie nicht einen Tag oder zwei (zweene) Tage, sondern viel(e) Monde(n), ja alle Jahr so scheinet, aber es ist itzt in die Gewohnheit (ge)kommen, daß wir (ge)denken, es könne nicht anders sein. Dergleichen ist uns auch kein Wunder, daß jährlich Wein und Korn wächst. Es sollt billig Gott wie mit diesen, also auch mit andern täglichen Mirakeln unsern Glauben ermuntern, denn daß aus der Erde(n) ein Weizenkorn oder anderlei Gewächs kommen soll, ist so ein groß Mirakel als wenn Gott aus dem Himmel das Manna auf diesen heutigen Tag noch gäbe, aber es hat nicht das Ansehen, so macht es das Gewöhnliche verächtlich« (WA 16,301, 22–31).
Dies sind die vielleicht eindrucksvollsten Äußerungen L.s in Richtung auf die Universalisierung des Wunderbegriffs hin. Ihnen gegenüber ergeben die Aussagen in den Disputationen ein erheblich anderes Bild. Aber eben dieser Unterschied zeigt die Spannungen auf, von denen die Rede war. Andererseits ist auch zu bedenken, daß in der Situation der Magister-Disputationen unter Luthers Vorsitz notwendig die Thematik von Glauben, Rechtfertigung und guten Werken den Vorrang hatte, während Problemkreise wie der des Wunders (bzw. Segens, wie auch der Engel) nur mehr am Rand gestreift wurden, und wenn, dann natürlich grundsätzlich unterm vorherrschenden Aspekt der Rechtfertigungslehre. Dennoch zeigt sich gerade hierin auch wieder ein Kernstück von L.s theologischer Konzeption des Wunderproblems. War die universalistische Ausweitung gleichsam der eine Pol dieser Konzeption, so der strenge Sachbezug auf die Rechtfertigungslehre der andere.
Vom Wunder (miraculum) handeln folgende Stellen in den *Disputationen,* sämtlich WA 39 II. *Erstens*: In einer Thesenreihe über die Kirche heißt es, Mirakel könnten auch von »Unfrommen« mit »totem Glauben« bewirkt werden, besonders in Amt und Gemeinschaft der Kirche; wie ja auch (gut augustinisch gedacht) Sakrament und Wort, welche doch alle Mirakel weit übertreffen, sogar von Judas Ischarioth verwaltet wurden (190,1–4); im Grund wird ein solches Mirakel dann auch nicht durch den rechtfertigenden persönlichen Glauben bewirkt, sondern durch die Kraft, die im Amt liegt[7]. Auch dies kann als eine Art Glaube gelten, aber im Sinn von 1Kor 13,2 ist es ein Glaube ohne Liebe (198,18–23; so auch in der Disputation über die Rechtfertigung 310,13ff.). – *Zweitens*: In einer Disputation über die Einheit der Kirche heißt es, daß in unseren Kirchen täglich größere Mirakel als sogar Bergeversetzen geschehen, sofern Gott seine Herrlichkeit erweisen will (223, 14ff.). In einer Thesenreihe über die Rechtfertigung heißt es in ähnlichem Sinn, daß die Wirksamkeit des

---

7. Ähnlich auch 248,21f. (Maiora quidem sunt illa apostolorum opera quam impiorum, non ita concurrunt in oculos sicut apostolorum) und 248,27f. (Vincere mundum est vincere diabolum, Ioanu.16.Fides non significat tantum edere miracula, sed significat etiam fidem publicam, quae utilis est ecclesiae simul).

in der Liebe tätigen Glaubens ein viel größeres Wunder ist als »Bergeversetzen und ähnliches« (236, 22f. 26f.). – *Drittens*: In der letztgenannten Disputation unterscheidet L. deutlich zwischen dem rechtfertigenden Christusglauben (Fides Christi) und jenem möglicherweisen »toten« mirakelwirkenden Glauben, von dem schon oben die Rede war; dabei dann der Gedanke: Mirakel waren nötig zu »Beginn« (initio), um die neue von Christus dargebotene Lehre zu »befestigen«, sie hatten also ihren heilsgeschichtlichen Ort und Sinn (243, 16ff.)[8].

An allen diesen Stellen fällt das Bemühen L.s ins Auge, das Wunderthema auf die zentrale Thematik von Glauben und Liebe, also auf die Rechtfertigungslehre zu beziehen. Man wird, mit aller gebührenden Zurückhaltung und Vorsicht, sagen dürfen, daß eine der größten systematischen Leistungen L.s darin lag, daß er, ohne der Exegese allzuviel Zwang anzutun, immer wieder die biblischen Texte auf dieses Paulinische Zentrum hin durchsichtig zu machen verstanden hat; schon dadurch wird übrigens die in der reformationsgeschichtlichen Literatur nicht seltene These widerlegt, Luther sei kein Systematiker gewesen[9]. Das Gegenteil ist aber richtig, und zwar geradezu im Extrem: L.s theologisches Denken darf als ein einzigartiger geistiger Konzentrationsakt begriffen werden, durch welchen alle einzelnen Lehrstücke der dogmatischen Traditionen jeweils bezogen werden auf den mathematischen Punkt (vgl. WA 40 I, 21,12) der Rechtfertigungslehre[10]. Wenn ein entscheidender Wesenszug systematischen Denkens in geisteswissenschaftlichen Disziplinen darin liegt, daß alle Einzelaussagen von einem »Primum unde cognoscitur«, von einem zentralen Prinzip aus verständlich gemacht werden, so ist L., jedenfalls in dieser Hinsicht, in eminenter Weise Systematiker gewesen –

---

8. Distinguo inter fidem miraculorum, id est, publicam, qua opus erat initio, ut confirmaretur doctrina nova de Christo exhibito. Nam ut susciperent homines Christum, opus erat miraculis (243,16ff.).

9. S. hierzu z. B. *A. v. Harnack:* Lehrbuch der Dogmengeschichte III, Darmstadt 1964, S. 866: »Luther hat nie den Antrieb stark empfunden, aus dem Innersten der von ihm gewonnenen neuen Anschauung vom Ganzen des Christenthums heraus eine systematische Darstellung des Ganzen zu liefern und pünktlich aufzuweisen, was bleibt und was fällt. Er schaltete in der Theologie wie ein Kind im Hause, Altes und Neues hervorholend und immer nur den nächsten praktischen Zweck im Auge habend. Um die Berichtigung theoretischer Irrthümer als solcher war es ihm gar nicht zu thun; nach der Helligkeit eines geordneten Lehrgebäudes hatte er nicht die geringste Sehnsucht; aber so wurde seine Kraft auch seine Schwäche.«

10. Dieses permanente Suchen nach der Sinnmitte war für L. in solchem Ausmaß zur Selbstverständlichkeit geworden, daß es sich bis in unbewußte, gleichsam spielerische Verhaltensformen bei ihm ausgewirkt hat. Eben darauf, und mit unverhohlenem theologischem Bezug, weist in der Einleitung der Herausgeber von Band 56 der WA hin (S. WA 56, XXII).

mögen auch manch andere Wesenszüge systematischer Wissenschaftlichkeit, wie etwa enzyklopädische Übersicht oder objektivierender Schematismus u. a. m. bei ihm zurücktreten –. Dessenungeachtet ist nun freilich doch auch festzustellen, daß L. nicht ganz selten das Justifikatorische derart hervorhebt, ja überbetont, daß dann gewisse Aspekte zu kurz kommen, denen im biblischen, und zwar auch im neutestamentlichen Denken ein erheblich breiteres Spektrum eingeräumt ist, wie etwa dem Gedanken des Wirkens Gottes im Bereich des rein immanenten, ja materiellen Seins und Geschehens, des objektiv Gegebenen, Gefügten und Gesetzten, des Ontischen[11]. Wir wollen eine derartige Verkürzung, die wir bei L. gelegentlich feststellen, als »justifikatorische Engführung« bezeichnen.

Solche justifikatorische Engführung kommt nun zweifellos besonders häufig in den Disputationen vor; und gerade das Thema Wunder lenkt das Augenmerk darauf. Offenbarung des rechtfertigenden Evangeliums, das ist der Oberbegriff, unter den L. hier so gut wie durchgängig das Wunder subsumiert. Es kann aber kein Zweifel sein darüber, daß der biblische Verstehenshorizont für das Wunder erheblich weiter ist, vor allem im Alten Testament, aber auch im Neuen. Luther hat an anderen Stellen für diesen weiteren Horizont durchaus Sinn und Raum: »Christus sorget auch für den Bauch der Seinen« (WA 10 I,325,5); »glaub du allein und arbait, so wird dir nit allein ein Taub, sonder(n) auch wohl ein gebraten Gans ins Maul fliegen« (WA 10 III,231,1 ff.). Doch in den Disputationen ist die Beziehung der Wunder auf den Glauben an das Evangelium deutlich das eigentliche Leitmotiv. Das ist nun aber nicht nur in den Disputationen so, auch an anderen Stellen fällt, besonders wenn L. vom Wunderthema handelt, die justifikatorische Engführung ins Auge; eine besonders instruktive Stelle: »Darum wo ein Christenmensch ist, da ist noch der Gewalt solche Zeichen zu tun, wenn es vonnöten ist. Es soll sich aber niemand(s) unterstehen, die zu üben, wenn es nit vonnöten ist oder nit erfordert, denn die Jünger haben sie auch nit allezeit geübet, sondern allein das Wort Gottes zu bezeugen und durch die Wunderzeichen zu bestätigen, ... seytemal das Evangelium nun ausgebreitet und aller Welt kund geworden ist, ist nit vonnöten, Zeichen zu tun als zu der Apostel Zeiten« (WA 10 III,145,19ff.). Das ist geradezu die systematische Begründung für L.s justifikatorische Engführung.

---

11. Ich verweise hierzu auf meinen Aufsatz Ethisches und Ontisches in Luthers Theologie, in: KuD 3 (1957), S. 171–207. Im grundsätzlichen halte ich an der in diesem Aufsatz vertretenen Auffassung auch heute noch fest, wonach L. aufs Ganze gesehen den Vorrang des »Ethischen« (also z. B. der Rechtfertigungslehre) vor allem »Ontischen« (also z. B. der Lehre von Gottes Vorsehung o. ä.) streng gewahrt hat, und zwar, darauf lag zur Zeit der Abfassung des Aufsatzes der Schwerpunkt, ohne darüber das Ontische zu kurz kommen zu lassen; ich sehe es heute aber um eine Nuance anders, manchmal ist L. eben doch der Übermacht des Justifikatorischen erlegen.

Eine Predigt über die Geschichte von der Stillung des Sturms (Mt 8,23ff.), gehalten 1525 (WA 17 II, 104ff.), ist ein weiteres instruktives Beispiel für die Prädominanz des Ethischen über die ontischen Aussagen einer Wundergeschichte.

Dieses Evangelium (d. h. der Wunderbericht) ist nach L.s Auslegung zunächst ein Exempel des Glaubens und des Unglaubens (104,20ff.): hätten die Jünger geglaubt, so hätten sie nicht die Gefahren gesehen, sondern unentwegt Gottes Gnade vor Augen gehabt. Dann die Anwendung aufs Rechtfertigungsgeschehen: so muß der Glaube sich mit Tod, Sünde und Teufel auseinandersetzen (105,15ff.); dann folgt »das ander(e) Stück, die Liebe«; Christus unterbricht seinen Schlaf und nimmt sich der Jünger an »aus freier Liebe ohn ihren Verdienst« (107,6ff.). Dann die allegorisierende ethische Applikation, Christus hat hier das christliche Leben, insbesondere das Predigtamt vorgebildet: Das Schiff »bedeutet« die Christenheit, das Meer die Welt, der Wind den Teufel, die Jünger sind die Prediger und frommen Christen, er selbst aber ist die Wahrheit, das Evangelium und der Glaube (107,16ff.). Zum Schluß zieht L. die »Summe«. Hier wird der Sturm bezogen auf die »Verfolgung um Gottes Worts willen«, die Erzählung will Mut machen zum Glauben, die Verfolgung kann nicht weiter reichen als Christus es zuläßt; *Er* ist im Schiff, deshalb tobt der Sturm, und weil er »Herr über alles« ist, wird der Sturm *uns* (das ist die existenzielle Anwendung, *wir* werden verfolgt) keinen Schaden tun (109,8ff.).

Also eine rein justifikatorische Interpretation, nur am Rand klingt hier durch die Worte »Herr über alles« auch der Gedanke mit an, daß Gottes und Christi Allmacht sich nicht bloß auf geschichtliche Fährnisse, sondern über den ganzen Kosmos erstreckt. Dies ist aber um so auffälliger, als gerade dieser Wunderbericht bei Markus und Matthäus eindeutig ein kosmisches Großwunder meint, was natürlich nicht ausschließt, daß der Skopus gewiß auch hier letztlich auf den Glauben gerichtet ist.

So stellen wir also in L.s Auffassung des Wunderproblems eine gewisse Zwiespältigkeit fest, die immer wieder überrascht; diese Zwiespältigkeit erweist sich aber letztlich als eine Polarität, die Pole sind wirklich aufeinander bezogen. Das vermittelnde Element ist jene Anschauung, wonach alles Schöpfungsgeschehen, auch alles scheinbar rein Naturhafte, im Wesen Wunder ist. Den Vorrang hat freilich immer das Wunderhafte der Erlösung, des Rechtfertigungsgeschehens; doch der andere Pol fehlt niemals völlig; auch wo von ihm nicht ausdrücklich die Rede ist, darf er mitgedacht werden.

Daran ändert sich grundsätzlich bei L. nichts, von den frühen bis zu den spätesten Äußerungen. Es ist aber bemerkenswert, daß ab und zu, und das vor allem in der späteren Zeit, die Strenge seiner Engführung überraschend gelockert erscheint, ohne daß L. deshalb grundsätzlich seine systematische Orientierung auf das Paulinische Zentrum hin je preisgegeben hätte. Aber es

finden sich gelegentlich doch Töne, die erkennen lassen, wie sehr ihm am kosmischen Horizont seiner gesamten Theologie gelegen war[12].
Zwei Beispiele: »Also ist unser Haus, Hof, Acker, Garten und alles voll Bibel, da Gott durch seine Wunderwerk nicht allein prediget, sondern auch an unsere Augen klopfet, unsere Sinne rühret und uns gleich ins Herz leuchtet ...« (WA 49,434,16).
Und, in einer dreiviertel Jahre vor seinem Tod gehaltenen Predigt: »Jeder Garten ist ein Buch Gottes, aus dem das Wunder ersehen werden kann, das Gott täglich tut«[13] (WA 49,725,20–21).

c) Melanchthon

Bei M. liegt der Sachverhalt in mancher Hinsicht weit einfacher als bei Luther. Auch hier haben wir die Reduktion der dogmatischen Aussagen aufs Justifikatorische, am stärksten in den frühen Schriften, doch auch in der Spätzeit gilt dieser Grundsatz noch. Es sei nur an die bekanntesten Thesen in der Erstausgabe der Loci erinnert: die Geheimnisse der Gottheit seien anzubeten und nicht zu durchforschen; und: die eigentliche Christuserkenntnis komme aus der existenziellen Erkenntnis seiner Wohltaten und nicht aus der metaphysischen Bestimmung seiner Naturen und seiner Inkarnationsmodi (L.c.1521, Introd., Werke II,1,6f.). Karl Barth hat, von seinem Ausgangspunkt her gesehen mit gewissem Recht, dem ihm als allzu existenzialistisch erscheinenden Ansatz der zeitgenössischen lutherischen Theologie, den er vor allem Rudolf Bultmann vorzuwerfen pflegte, historisch gerade bei diesen Stellen des frühen Melanchthon nachgespürt; er hätte diesen Ansatz dann auch bis in dessen Spätzeit verfolgen können.
Dennoch darf bei M. die andere Seite nicht übersehen werden. Ähnlich wie Luther zieht auch er die Philosophie heran, wo Logik es zum Verständnis des Evangeliums notwendig erscheinen läßt, ja man wird sagen müssen, daß sich gerade beim späteren M. die logischen Untersuchungen ungezwungener ins Ganze seiner Ausführungen einfügen als bei Luther. Dabei bezieht er entschieden Stellung und tritt ein für eine, wie er es ansieht, dem Evangelium adäquatere »Metaphysik« von Gesetz und Freiheit gegenüber einer inadäquaten, die er besonders bei den konsequenten Stoikern findet und bekämpft. Die wichtigsten Ausführungen in dieser Hinsicht finden wir in seinem Kapitel über die Ursache der Sünde und das freie sich Ereignen (De causa peccati et de contingentia, L. praec. theol. 1559, II,1, 224–236). Es ist charakteristisch, daß es gerade das melanchthonische Grundthema, die Freiheits-

12. S. hierzu *U. Mann:* Ethisches und Ontisches in Luthers Theologie, a. a. O.
13. Quilibet hortus est Dei liber, ex quo videri potest miraculum, quod Deus quotidie operatur.

lehre ist, in dessen Kontext er seine vom Evangelium geprägte eigene »metaphysische« Einstellung am deutlichsten darlegt.
Wir erinnern uns an dieser Stelle wiederum des oben grundsätzlich zum Problemkreis der Metaphysik hinsichtlich ihres Rangs und ihrer Bedeutung im Zusammenhang mit dem theologischen Denken Gesagten. M., der die Metaphysik vor allem in ihrer stoischen Gestalt im Auge hatte und diese mit aller denkerischen Energie bekämpfte, er hat sich in dieser Polemik nun doch, und das durchgängig, einer Argumentationsweise bedient, die ganz in den Rahmen philosophischer Diskussion eingepaßt war. Erinnern wir uns wieder des Begriffs der »indirekten Metaphysik«, so können wir sagen, daß M. eben diese Art von philosophischer Seinslehre neuer Art insofern noch entschiedener vertreten hat als Luther, als sie für ihn nicht nur, wie bei letzterem, die Rolle einer Instanz spielte, an die nur in Sonderfällen appelliert werden mußte, sie stellt vielmehr in evidenter Weise den mit Selbstverständlichkeit vorausgesetzten Denkrahmen dar. Dabei ist alles, ganz wie bei Luther, durchgängig aufs Rechtfertigungsgeschehen bezogen, hier insbesondere auf M.s zentrales Thema Gesetz und Freiheit; dies aber nun verbunden mit dem unverkennbaren Bemühen, alles so in ein klares theoretisches Definitionsschema einzufügen, daß es in formaler Hinsicht in der Prüfung durch die Instanz der zeitgenössischen Schulphilosophie bestehen kann. Die geradezu überreichliche Zitation passender Belegstellen aus der Schrift (»Dicta probantia«) unterstreicht nur diesen Sachverhalt: Für M. steht hier sozusagen biblische »Metaphysik« gegen stoische.
Das Metaphysische, in diesem Sinn zu verstehen, ist bei M. auch in der Wunderfrage der Schematismus, der den Rahmen für das theologische Denken abgibt; und auf einen neuen, sowohl biblisch wie metaphysisch fundierten Schematismus zielt er grundsätzlich hin[14]. Den Einsatz bestimmt freilich eindeutig die Offenbarung: Wunder dienen der Bekräftigung der Offenbarung und des Bekenntnisses der rechten Lehre (II,1, 20831 ff.); und: Wunder gehören aufs engste zusammen mit Jesu Auferstehung (ebd.) und dem Herrenmahl (II,2, 521, 13 ff.) als den beiden wesentlichen Zeichen (signa) der Offenbarung. Dies ist die generelle theologische Prämisse, welche allein die »richtigere« Metaphysik ermöglicht. Gegen den »Stoicus«, nach dessen Auffassung die göttliche Wirkursächlichkeit streng an die Zweitursachen gebunden ist, erkennt und bekennt der »Christianus« (II,1,235,32 ff.), daß Gott an die Zweitursachen nicht angebunden (alligatus) ist (ebd., Z. 6 ff.). Die Lehre von den Erst- und Zweitursachen krankt bei den Philosophen, vor allem in der »korrupten« Philosophie der Manichäer, daran, daß ihre Auffassung sich zu eng ans Mate-

14. S. hierzu bes. *Ragnar Bring:* Gesetz und Evangelium und der dritte Gebrauch des Gesetzes in der lutherischen Theologie, Helsinki 1943, S. 43 ff.; *Werner Elert:* Zwischen Gnade und Ungnade, München 1948, S. 161 ff.

rielle angeschlossen hat, oder gar an irrige Lehrmeinungen von einem »Fatum« oder von einem theologischen Dualismus gebunden ist, obwohl sie es aus der Offenbarung besser wissen könnten und sollten (II,1,224,16ff.). Eine eigentliche Antithese von Metaphysik hier, Theologie da findet sich bei M. in diesem Zusammenhang nicht; die Auseinandersetzung findet sozusagen »innermetaphysisch« statt. Man mag hiergegen vieles einwenden, und manches wohl zu Recht; doch sollte hierbei stets bedacht werden, daß auch jede andere, z. B. existenz-dialektische Gedankenführung und Ausdrucksform ihre ebenso gewichtigen theologischen Fehlerquellen in sich birgt. Und man darf schließlich auch hervorheben, daß M.s besondere theologische Kunstfertigkeit, sein eigentliches Charisma, gerade in jener auch von Luther erkannten und anerkannten Fähigkeit liegt, die Pole des Theologischen und des Metaphysischen zu einem harmonischen und die Gegensätze dennoch nicht einfach verleugnenden Ganzen zusammenzufügen, Pole, die für ihn doch auch wieder erheblich weiter auseinanderlagen als es unter den vorreformatorischen Denkvoraussetzungen für die Scholastik je der Fall gewesen ist.
Hat es für M. den grundsätzlichen Zweifel an der philosophischen Metaphysik, wie er später für Kierkegaard fundamental wurde, noch nicht gegeben, so auch nicht den grundsätzlichen Zweifel an der Haltbarkeit historischer Überlieferungen innerhalb der biblischen Berichte, wie er im achtzehnten Jahrhundert seine dominierende Rolle zu spielen begann. Frei von solchen Problembelastungen findet M.s Auffassung vom Wunder ihren heilsgeschichtlich festumrissenen theologischen Ort. Unmittelbar vor dem Beginn des Kapitels über die Ursache der Sünde und die Kontingenz, wo M. sein Grundthema metaphysisch unterbaut, stellt er, wie programmatisch, sein eigentliches theologisches Anliegen heraus: Es gilt vor allem und beharrlich jene Zeugnistaten zu betrachten (intueri, eigentlich: bedenken und meditieren, beides in einem), in denen Gott sich seiner Kirche offenbart hat, und zwar hauptsächlich »die Herausführung des Volkes Israel aus Ägypten, die Auferweckung der Toten und die übrigen Wunder (miracula), die durch die Propheten, Christus und die Apostel gewirkt wurden« (II, 1, 223, 37ff.).
Das Wunder ist für M. also in sich selbst in keiner Weise problematisch; theologische Bedeutung hat es freilich nur im denkbar engsten Zusammenhang mit der heilswirksamen Offenbarung durchs Wortgeschehen in Predigt und Sakrament. M. vertritt somit in der Wunderfrage die am klarsten umrissene und zugleich am knappsten ausgeführte Auffassung unter den Reformatoren.

d) Calvin

Auch bei C. finden wir jene Art eindeutig präzisierender Darstellung, die dialektische Sprünge soweit irgendmöglich vermeidet und daher im Vergleich mit Luther stärker objektivistisch anmutet. Ist hierin bei C. kein Unterschied zu Melanchthon festzustellen, so doch an einem anderen wesentlichen Punkt. Bei ihm tritt die beim Wunderproblem so naheliegende Auseinandersetzung mit der Metaphysik, verbunden mit Ansätzen zu »besserer«, christlich verantwortbarer Metaphysik, merklich zurück. Andererseits befaßt sich C. jedoch aufs Ganze gesehen erheblich ausführlicher als Melanchthon mit der Wunderproblematik selbst. Das gilt zunächst für die polemische Seite. C. sieht sich veranlaßt, in der Abgrenzung gegenüber der Position Luthers besonders in der Abendmahlslehre die Wunderfrage viel eingehender zu behandeln als Melanchthon. Auf der anderen Seite sind die in der Bibel berichteten Wunder für C. weit mehr als für Melanchthon durchgängig Anlaß für eine grundsätzliche und eingehende Würdigung. Sie sind zwar einerseits das aller weltlichen Erfahrung strikt Widersprechende, andererseits aber auch gerade darin den Unglauben evident Überwindende. Blickt man von C. her auf Melanchthon zurück, so entsteht der Eindruck, es habe sich letzterer in der Wunderfrage doch bewußt eine gewisse Zurückhaltung auferlegt. Vielleicht darf man es so sehen: Melanchthon wehrt sich offenbar noch heftig gegen die sattsam bekannte Mirakelsucht spätmittelalterlicher Theologie und Profanfrömmigkeit und er bemüht sich deshalb, nicht etwa aus grundsätzlichen Bedenken metaphysischer oder gar historischer Art, das dogmatische Interesse an Wundererzählungen aufs kerygmatische Minimum zu beschränken; für C. dagegen scheinen solche Bedenken aus der inzwischen fortgeschrittenen geistes- und theologiegeschichtlichen Situation heraus von erheblich geringerer Bedeutung gewesen zu sein. Desgleichen geht C. sogar noch unbefangener mit dem historischen Problem um als Melanchthon; Wunder sind für ihn historische Fakten, an denen es auf Grund der Bezeugung in der Hl. Schrift grundsätzlich nichts zu deuteln gibt, ja, jede derartige Deutelei gilt ihm geradezu als entlarvend für den geheimen und im Grund unentschuldbaren Widerstand des Zweiflers gegen die göttliche Offenbarung in der Hl. Schrift. Auf Grund dieser Prämisse kann C. ein den anderen Reformatoren gegenüber merklich geschlosseneres Schema historischer Art entwerfen, in dem die Wunderberichte ihren festen Platz haben.

Ähnlich wie bei Luther, nur erheblich schärfer umrissen und eingehender dargestellt, findet sich bei C. der auch schon in der mittelalterlichen Theologie vertretene Gedanke, daß die Wunder in erster Linie in bestimmte, ihnen in Gottes Heilsplan zugewiesene historische Epochen gehört haben (Inst. IV,19,6). Insbesondere solange die Predigt des Evangeliums und das Reich Christi auf Erden etwas »Neues« waren, mußten ungewöhnliche Wunderereignisse dieses Neue verherrlichen und großmachen; danach konnte es mit dieser Art der Bezeugung sein Bewenden haben, das Wort allein genügte fernerhin. Das gilt auch schon für die Wunder des Mose, die von Augenzeugen hinreichend beglaubigt und daher unbestreitbar sind (I,8, 5.6): gegenüber den Zaubereien der ägyptischen Priester sind die Taten des Mose dadurch als

Wunder ausgewiesen, daß sie den lebendigen Gott bezeugen. Daß dieses Argument genau umgekehrt werden kann, daß der Zweifel an der Lebendigkeit Gottes sich eben darauf berufen könnte, auch andere als dieses Gottes Boten vermöchten »Wunder« zu vollbringen, diese Denkmöglichkeit lag freilich noch nicht in C.s Gesichtsfeld. Zwei Jahrhunderte später war man sich der Evidenz der Offenbarung des lebendigen Gottes in dieser Hinsicht nicht mehr so sicher.

Auch der Gedanke, daß die Schöpfung voller Wunder ist, klingt mehrfach an; doch unterscheidet C. i. a. scharf zwischen solchen Wundern allgemeiner Art (s. z. B. I,14,21; IV,14,18) und den heilsgeschichtlich bedeutsamen Wundern, welche die spezielle Offenbarung bezeugen. Hervorzuheben sind dabei besonders noch die Wunder Christi selbst, die C. streng von den Wundern der Propheten und Apostel unterscheidet (I, 13,13); letztere sind im Dienst Gottes durch dessen delegierte Wirkkraft verrichtet, erstere dagegen geschehen aus Christi eigener Kraft und bezeugen daher seine göttliche Natur – darin manifestiert sich übrigens wieder die schon erwähnte Prämisse C.s, daß, natürlich auf Grund von Gottes absolut gerechter, wenngleich unausforschlicher Prädestination, die Offenbarung letztlich evident und ihre Ablehnung also unentschuldbar ist.

Eine besonders zu erwähnende Beziehung besteht schließlich noch zwischen C.s Auffassung vom Wunder und der vom Bilderdienst. Nicht zuletzt haben die Wunder Gottes als lebendige Zeichen seiner Macht auch den Sinn gehabt, den heidnischen Dienst an toten Bildern überflüssig zu machen. Den von Gott abgefallenen Israeliten genügten diese Kraftzeichen aber nicht, sie wollten körperliche Merkzeichen von Gottes Angesicht haben (I, 11,8). Die Bilderverehrung profaniert aber Gottes unbegreifliche Herrlichkeit, die Wolken und Feuerflammen (Dt 4,11) sind als Merkzeichen von Gottes Herrlichkeit zugleich die Mahnung, nicht frevelhaft in die Sphäre von Gottes Geheimnis eindringen zu wollen (I, 11,3). Auch an nicht wenigen anderen Stellen finden sich Mahnungen ähnlicher Art; es ist C. immer daran gelegen gewesen, jene Neugier zu strafen, welche sich in ungebührlicher Zudringlichkeit der vom Geheimnis umhegten Sphäre Gottes zu nähern versucht. Dies wäre ja ein Frevel wider die Ehre Gottes, und nichts war C. so wichtig wie der alle seine dogmatischen Aussagen durchziehende klare und deutliche Hinweis auf die »Gloria Dei« (Ehre Gottes): Dies ist also der eigentliche theologische Ort seiner Lehre von Gottes Geheimnissphäre.

Blickt man von daher auf die Folgezeit voraus, so ergibt sich aus der eben dargestellten Sachlage aber doch noch ein anderer wichtiger Gesichtspunkt. Wenn C. von Gottes Geheimnis spricht, so hat solche »Geheimnistheologie«, wie man sie geradezu nennen könnte, einen ganz klaren ethischen Hintergrund und Zielpunkt, wie wir feststellten: Wahrung der Ehre Gottes. Völlig fern lag ihm jenes organologische Denken seiner Zeit, für welches die Geheimnisse der Natur, der Schöpfung, ja auch Gottes selbst dem religiös erleuchteten menschlichen Geist zur Lösung aufgegeben waren; sehr deutlich wird diese Auffassung etwa von Paracelsus an vielen Stellen ausgesprochen: »Gott will, daß die Dinge sichtbar werden, die unsichtbar sind. Solches soll ihm der Mensch hoch und wohl vornehmen, weil Gott ihn darum geschaffen und ihm alles unterworfen hat.«[15] Völlig anders dagegen C.s Intention! Und dennoch, bei ganz verschiedenen Denkvoraussetzungen und Kontexten, kommt C.s Lehre von der göttlichen Geheimnissphäre gerade im Zusammenhang mit der Wundertheologie (s. o.) schließlich doch auch auf jene Auffassung hinaus, die, geistesgeschichtlich von dem eben genannten organologischen Denken abhängig, viel später schließlich bei Sturm und Drang und in der Romantik maßgebende Bedeutung erlangen sollten: Es handelt sich hierbei um jene geistigen Wirklichkeiten, die nach der Aufklärung als Mythos und Symbol bezeichnet wurden[16]. Es steht außer Zweifel, daß die romantische Hochschätzung von Mythos und Symbol auf eine Traditionslinie zurückzuführen ist, die unmittelbar vom organologischen Denken des sechzehnten und siebzehnten Jahrhunderts herführt, nicht aber von C. und seinen theologischen Schülern. Und doch, man denke hierbei besonders an den aus der reformierten Tradition kommenden frühen Schleiermacher, bieten sich um die Wende des achtzehnten Jahrhunderts herum unerwartete Affinitäten zwischen C.s Geheimnistheologie und der neuen Symbolauffassung an! Waren nun freilich für C. die Bilder rationalistische Profanierungen des Göttlichen und die Wunder im Grund das, was wir heute numinose Symbole nennen würden, so sollten dann allerdings, umgekehrt, in späterer Zeit gerade die *Wunder* der Kritik des historischen Relativismus unterliegen, während die *Bilder* des Heiligen dann eine neue numinose Mächtigkeit und Dignität gewinnen konnten.

---

15. Paracelsus XII, 59, zit. nach *H. Schipperges:* Paracelsus, Stuttgart 1974, S. 212; Schipperges stellt diese Geheimnisauffassung des Paracelsus sehr einleuchtend heraus.

16. S. hierzu *Karl Kerényi:* Die Eröffnung des Zugangs zum Mythos, Darmstadt 1967; dazu meine Ausführungen in Theogonische Tage, Stuttgart 1970 und Das Christentum als absolute Religion, Darmstadt 1970.

II. Segen (und Fluch)

a) Allgemeines

Das deutsche Verb »segnen« ist abzuleiten von »(cruce) signare«, mit dem Kreuzzeichen versehen. Darin drückt sich ein charakteristischer Wesenszug aus: Zum Segen gehört immer eine Handlung. Genauso gehört aber zum Segen (wie zum Fluch) auch das Wort, anders wäre es eine bloß magische Kraftvermittlung (oder Unheilszufügung) und nicht das, was der Begriff im Vollsinn meint. Das Wort kann den Segen als deprekativen qualifizieren (der Segnende bittet um Gottes Segen über den zu Segnenden) oder als exhibitiven (der Segnende teilt den Segen aus). Der rein exhibitive Segen (bzw. Fluch) gehört gewiß vorwiegend der Stufe primitiverer Religiosität an; doch können beide Formen auch im Hochgottglauben vorkommen, wobei sich dann oft ein deprekatives Element mit dem exhibitiven verbindet; dies trifft z. B. für die letztere der beiden heute im gottesdienstlichen Gebrauch befindlichen Formen des sog. aaronitischen Segens (Num 6,24) zu (»Herr segne uns ...« und »Der Herr segne euch ...«).
Auf jeden Fall meint der Begriff Segen die wunderhafte Vermittlung göttlicher Heilsmacht aus der Sphäre der Transzendenz in die immanente Welt hinein; deshalb ist es systematisch sachgemäß, vom Segen in Zusammenhang mit dem Wunder zu handeln. Ganz allgemein gesehen kann unter Segen Hilfe für das weltliche Leben verstanden werden, solcher Segen hat seinen theologischen Ort in der Schöpfungslehre (adamitischer Segen Gen 1,28; noachitischer Segen Gen 9,1 ff.); davon zu unterscheiden ist jener Segen, der dem auserwählten Volk zuteil wird und in den Zusammenhang der Heilsgeschichte gehört (abrahamitischer Segen Gen 12,3; Melchisedek-Segen Gen 14,19f.; Isaak-Segen Gen 27,23; Jakob-Segen Gen 49; Aaron-Segen). Schließlich ist noch der sakramentale Segen besonders zu erwähnen (»Konsekration«; s. 1 Kor 10,16); dessen eigentliche Wurzel ist jener im strengen Sinn soteriologische Segen, den wir genauer als christologischen Segen bezeichnen können (Gal 3,14).
Der Sprachgebrauch läßt noch eine weitere Unterscheidung zu. Segen ist einmal die rituelle Handlung, durch welche der Segen mitgeteilt wird; in dieser Bedeutung wird der Begriff vor allem in der religionshistorischen und religionsphänomenologischen Terminologie verwandt. Segen kann aber auch verstanden werden im Sinn der mehr oder weniger dauernden Qualität, die sich in der Existenz des einzelnen oder der Gemeinschaft auswirkt; diese Bedeutung des Begriffs kann sich vollständig säkularisieren, der Wunsch »Glück und Segen« kommt auch in durchaus areligiösem Zusammenhang vor; man darf hierbei an Max Webers bekannte Ableitung des »Geistes des

Kapitalismus« aus dem calvinistischen Verständnis vom gesegneten Berufsleben denken.
Fluch ist das negative Korrelat des Segens; er kann sowohl heiliger Fluch sein wie unheiliger, Gott kann verfluchen, der heilige Mensch ebenso, aber auch der unheilige, ja der böse (z. B. der schlimme Zauberer). Allgemein gilt für den religionsphänomenologischen Befund, was S. Morenz sagt[17]: »Insgesamt gewinnt man den Eindruck, daß der Formenreichtum des Fluchs den des Segens erheblich übertrifft, wie ja die menschliche Phantasie auch Höllenvorstellungen weit detaillierter zu prägen weiß als Himmelsbilder.« Im AT sind die überaus häufig vorkommenden Ausdrücke für Segen von der verbalen Wurzel berek (davon der Personenname Baruch) abzuleiten (für Fluch von arar und qalal)[18]. Wenn die griechische religiöse Terminologie für die zahlreichen Möglichkeiten von Segenserbittungen zahlreiche Veranschaulichungen hat, und gleichermaßen auch für die zahlreichen Segensgüter, so konzentriert genau umgekehrt die israelitische alles in den urtümlichen Ausdruck berakah; und auch für die Fülle der Inhalte hat sie einen Ausdruck, einen der erhabensten, wirkungsmächtigsten und zugleich bis zur Gegenwart dauerhaftesten und häufigst vorkommenden der hebräischen Sprache: schalom, Gottesheil. Jeder Segen vermittelt schalom.
Die jüdischen Übersetzer des AT ins Griechische (Septuaginta, LXX) gebrauchten für berakah und berek ein Wort, das in der Gräzität so gut wie keinerlei religiöse Bedeutung hatte: eulogia und eulogein, »wohl reden« (lat. benedictio und benedicere) im Sinn von preisen, danken, wie auch (von Gott her gedacht) »Wohl schaffen«. Es spricht alles dafür, daß der Bedeutungswandel, der sich in dieser Wortwahl ausdrückt, nicht erst durch die Begegnung der Synagoge mit dem Griechentum ausgelöst wurde, sondern sich schon lange Zeit vorher in der rein israelitischen Tradition abgespielt hat. Es gibt nicht wenige Textstellen, schon aus vorexilischer Zeit, wo Menschen Gott segnen (z. B. Gen 24,48; Dtn 8,10; Ri 5,2). Dahinter steht die alte Auffassung, daß Gottes Segenskraft durch menschliches (bes. kultisches) Segnen gestärkt werden könne; das gilt besonders für die beiden letztgenannten Stellen. Doch eine Stelle wie Gen 24,28 (Quelle J–E) zeigt, daß auch schon in früher Zeit eine Einzelperson, hier der Knecht Abrahams, Jahwe segnen konnte. Berek hat also bereits in dieser frühen Phase eine Bedeutung, die auf Lobpreis, Dank und Bitte hinweist. Und diese Bedeutung hat sich durchgesetzt, ohne daß hierfür ein Schwund an Zutrauen zu Gottes Segenskraft verantwortlich zu machen wäre: Der aaronitische Segen ist einerseits vorwiegend deprekativ verstanden, andererseits hat er auch im heutigen Synagogengottesdienst seinen vollen exhibitiven Skopus (so auch in den christlichen Gottesdiensten

17. RGG, 3. Aufl., Bd. V, Sp. 1649.
18. Zum AT und NT wie zum Griechentum s. Kittels ThW II, S. 751ff.

in beiden Sprachversionen). Eben diese Beharrungskraft der alten Segensvorstellung erklärt auch, daß in der altisraelitischen Religion (und dies fortwirkend bis ins heutige Judentum hinein) der Segen eine liturgisch wie dogmatisch so zentrale Stelle einnahm, wie in keiner anderen vergleichbaren Hochreligion[19].

Das neutestamentliche Verständnis von Segen erweist sich als von dieser Entwicklungsgeschichte vorgeprägt. Das deprekative Element herrscht eindeutig vor, aber die wirksame Kraft des Segens wird nicht dadurch gemindert, daß etwa die Vorstellung eine Rolle spielte, Gott könne einer Segensbitte unter Umständen nicht willfahren: die inzwischen ausgebildete jüdische Vorstellung und Praxis, wonach es dem Frommen verboten ist, irgendetwas von dieser Welt zu genießen, bevor er nicht einen Segen gesprochen hat[20], setzt sich unverändert in Gottesdienst wie Gemeinschafts- und Familienleben der Urgemeinde fort. Ein Neues bedeutet freilich die strenge Bezogenheit des christlichen Segens auf die geschichtliche Person Jesu. Wenn Paulus von dem Segensbecher spricht, »den wir segnen« (1Kor 10,16), so bezieht er sich einerseits auf die allgemein jüdische Praxis, nichts Weltliches ungesegnet zu genießen, andererseits jedoch zeigt er, daß »unser« Segen den christlichen Segensbecher von jedem anderen qualitativ unterscheidet. Jesus selbst hält sich beim Abendmahl wie auch bei den großen Wunderspeisungen ganz an den jüdischen Segensbrauch. Doch gerade bei den letzteren Gelegenheiten zeigt sich etwas entscheidend Neues: Jesus senkt nicht, wie vorgeschrieben[21], den Blick, sondern erhebt ihn zum Himmel (Mk 6,41 par;vgl. auch 7,34), weil jetzt »ein Wunder geschehen soll, für das Jesus Gottes Hilfe erfleht«[22]. Hier stellt sich eine bemerkenswerte Beziehung zwischen neutestamentlichem Segens- und Wunderverständnis dar.

Der Messias ist der Gesegnete schlechthin. Als solcher gerade ist er der Segensmittler. Die paulinischen Worte des Gotteslobs wollen durchweg in einem christologischen Sinnzusammenhang verstanden werden. Der Gottessegen über die Frommen ist nun messianischer Segen; und der messianische Segen kehrt wiederum im Gotteslob des Menschen zu Gott zurück.

Die entscheidende Neuerung aber ist die Radikalität, mit der Jesus von seinen Jüngern fordert, daß sie ihre Feinde lieben und die ihnen Fluchenden segnen (Mt 5,44). Hier ist die Vollmacht zum Segnen in einer solchen Weise neu gefaßt, daß sie den Fluch nicht nur ausschließt (vgl. Lk 6,28 par; entsprechend Jak 3,9ff.), sondern daß sie geradezu den Fluch durch die Segensreaktion überwindet und aufhebt. Von daher wird auch an der einen oder anderen

19. Vgl. hierzu bes. die Segen-Fluchliturgie Dtn 27 und die großen Segenstexte Lev 26 und Dtn 28.

20. b Ber 35 a, s. ThW II, S. 758.

21. S. ThW II, S. 760.

22. Beyer, ThW, II, a. a. O.

Stelle die paulinische Unbefangenheit im Gebrauch des Begriffs anathema[23] (Fluch) kritisch zu beurteilen sein (vgl. 1Kor 16,22; Gal 1,8f.). Andererseits hat Paulus selbst die theologisch tiefstlotende Deutung des neuen christlichen Verständnisses von Segen und Fluch (ara) gefunden und vertreten: es ist die christologische[24]. Jesus hat am Kreuz selbst den Fluch auf sich genommen, der über die Gesetzesübertreter verhängt ist, und damit hat er uns von diesem Fluch erlöst. Es fehlt bei Paulus noch die objektivierende Reflexion späterer dogmatischer Versöhnungslehren; Paulus beläßt es einfach bei dem unerhörten mythischen Wort: »Christus hat uns losgekauft vom Gesetzesfluch, indem er für uns (selbst) zum Fluch wurde ... damit in Jesus Christus der Abrahamssegen zu den Heiden gelange.«[25] Segen und Fluch drücken damit die christologische Mitte des gesamten Heilsgeschehens aus. Von da aus gesehen ist es doch erstaunlich, daß diese Begriffe später zunehmend in den Hintergrund treten konnten.

b) Luther

Für L. (wie auch für Melanchthon) ist zunächst festzustellen, daß die Breite und Weite jenes religiösen Bereichs, den der Segen im AT einnahm, erheblich reduziert erscheint. Das hat seine Vorgeschichte in der altkirchlichen und mittelalterlichen Tradition, welche den Segen zunehmend aufs Liturgische, bes. aufs sakramentale priesterliche Handeln beschränkte. Segnung geschah ursprünglich durch Handauflegung, dann durch den Gebrauch des Kreuzeichens; so gewiß dies auch allgemeiner Brauch war (und katholischer noch ist), so sehr war auch das Bewußtsein allgemein, daß die Kraft solchen Segnens sich doch ableitete vom priesterlichen Segen im Gottesdienst, und dessen Wirkkraft wiederum vom päpstlichen Segen (bes. Urbi et Orbi). Die Unbefangenheit jüdischer Segenspraxis war geschwunden. Vielleicht ist einer der Gründe dafür darin zu suchen, daß die Alternative zum Segen, der Fluch, in der Christenheit doch vorwiegend von Mt 5,44 her verstanden wurde, und, sofern er im Sinn von Gal 1,8 als unvermeidlich erschien, schon früh auf das konziliare und päpstliche Anathema beschränkt war; parallel dazu wirkte sich dann die allgemeine Konzentration der Gnadenvermittlung auf das priester-

23. Vgl. ThW I, S. 355ff.
24. Zum Folgenden vgl. Gal 3,10. 13; dazu ThW I, S. 450ff.
25. *Fr. Büchsel* (ThW I, S. 451) dürfte recht haben mit seinem Hinweis darauf, daß es nicht um ein Rechtsgeschäft gehe, worin künftiger Fluch und erst bevorstehende Strafe durch das Kreuz Christi gleichsam abgelöst seien; es handelt sich vielmehr um ein existenzielles, gegenwärtiges Befreiungsgeschehen, der jetzt wirksame und schon erlebte Fluch wird durch die Stellvertretung von den zum Glauben Kommenden hinweggenommen.

lich-liturgische Handeln aus. Die Reformatoren finden hierin einfach einen vorgegebenen Sprach- und Bedeutungswandel vor, dem sie sich nicht entziehen können. Wo im übrigen AT und NT wie bei Calvin ungebrochener als Einheit verstanden werden, tritt der Begriff des Segens häufiger auf; wo die Dialektik von Gesetz und Evangelium stärker betont wird (Luther, Melanchthon) tritt er merklich zurück.
Bei L. haben zwei bestimmte und scharf umrissene Auffassungen von Segen (und Fluch) den Vorrang vor der allgemeinen Bedeutung im Sinn des AT: es ist einmal das liturgische Segensverständnis, zum andern das im engsten Sinn christologische. In den *Disputationen* WA 39 I u. II finden sich dazu allerdings überhaupt keine inhaltlich aufschlußreichen Aussagen. Doch hat die Thematik selbst für L.s Denken immer beträchtliche Bedeutung gehabt; dies läßt es als geboten erscheinen, daß wir uns hier auf andere Textstellen stützen.
Selbstverständlich stellt die klassische Stelle Num 6,24ff. (Aaronssegen) die Grundlage für L.s theologisches Segensverständnis dar. In der Auslegung des dreigliedrigen Textes (WA 23, 574–582) zeigt sich wiederum L.s zentrales theologisches Anliegen in aller Stringenz. Der Herr segne dich und behüte dich: Das betrifft das leibliche Leben; es bezieht sich auf das Werk des Schöpfers und Erhalters, wobei L. nicht versäumt, zu Fleiß und Sorgfalt im weltlichen Werken zu ermahnen, wiewohl auch in diesem Bereich jedes Gut ein Gottesgeschenk ist (574f.). Der Herr erleuchte sein Angesicht über dir und sei dir gnädig: Das bezieht sich auf das »geistlich Wesen und die Seele« (575,34); an diesem Vers entwickelt L. in aller Kürze wieder alle Grundzüge seiner Rechtfertigungslehre, es geht darum, daß Gott »sein Wort« gebe, welches »Vergebung der Sünden« bringt, dadurch die Gewissen »fröhlich, keck, licht« macht und »neue Herzen und neue Menschen« schafft: »Das ist der rechte, geistliche, große Segen, der ein geistlich und ewiges Leben gibt«, wie es den Tieren nicht gegeben werden kann (577, 22–36). Der Herr erhebe sein Angesicht über dir und gebe dir Frieden: Das betrifft ebenfalls das geistliche Wesen, aber besonders unter dem Aspekt der noch nicht geschehenen Vollendung, des noch währenden Kampfs und der Anfechtung, es hat einen vorwiegend eschatologischen Skopus. Von da aus zieht L. dann noch trinitarische Gedanken heran und verweist schließlich auf die Dreiheit von Gotteswerken in Schöpfung, Erlösung und Heiligung (581,37ff.) als den eigentlichen Gehalt des Aaronssegens, der auf die Gemeinde gelegt wird. Diese ganze theologisch besonders klare und ergiebige Auslegung steht nun gänzlich unter liturgischer Abzweckung: »Der Segen, so man nach der Messe spricht über das Volck«, in dieser Überschrift zeigt sich eindeutig der eigentliche Skopus des Textes. Der Aaronssegen schließt die Messe, die Abendmahlshandlung ab; man kann also hier, wo L. auf den ersten Blick einfach von der Segenspraxis im allgemeinen Sinn des AT zu handeln scheint, doch durchaus

von einem am Abendmahl orientierten liturgischen Segensverständnis sprechen, und zwar zunächst in einem weiteren Sinn.
Das *liturgische* Segensverständnis im engeren Sinn dagegen hat nun seinen eigentlichen Ort in der speziellen Abendmahlslehre: Benedictio ist der theologische Ausdruck für das Sprechen der Einsetzungsworte. Es darf hierbei auf die sachgemäße Auslegung dieses lutherischen Sprachgebrauchs in der Konkordienformel von 1577 verwiesen werden, wo es heißt, daß das liturgische Segnen im Abendmahl, der Übersetzung des Texts 1Kor 10,16 entsprechend, durch »das Sprechen der Wort(e) Christi geschieht«[26]. In der Begründung dazu wird ausdrücklich L.s bekannte Darlegung WA 26,326 über das In-Sein Christi in den Elementen nach Analogie zum In-Sein von Gottes rechter Hand in allem Seienden angeführt. Diese christologisch fundamentierte Ontologie bildet also die Grundlage der reformatorischen, von cartesianischem Dualismus noch weit entfernten Auffassung vom Zusammenhang von Spirituellem und Materiellem, sowohl im Sakrament wie auch ganz allgemein: Das Christuswort wirkt ins Materielle hinein; dies ist die Voraussetzung für die Wirksamkeit der Segensworte im Abendmahl. Es ist aber auch die Voraussetzung für ein zweites »liturgisches« Segensverständnis L.s, nämlich jenes, das seine theologische Begründung und Rechtfertigung in der Lehre vom allgemeinen Priestertum der Gläubigen hat. Vor allem der Hauvater hat hier ein sozusagen liturgisches Amt, indem er z. B. vor Tisch das »Benedicite«, das Tischgebet, spricht[27]. Schließlich gehört hierhier auch das in allen Anfechtungen, und das heißt für L. alltäglich und häufig notwendige Anrufen des Gottesnamens gegen die Angriffe des Teufels (ebd.), insbesondere aber auch der tägliche Morgen- und Abendsegen[28]. L. bejaht auch die »Kinderübung« (ebd.), an der er selbst aber auch als Erwachsener stets festgehalten hat, sich mit dem Kreuzzeichen zu segnen. All dies sind priesterliche Handlungen, auch wenn sie vom einzelnen für sich selbst vollzogen sind. Das Fundament dieser Lehrauffassung aber ist die aufs engste mit der Rechtfertigungslehre zusammenhängende Christologie.
Die im eigentlichen Sinn *christologische* Segens- (und Fluch-) Auffassung legt L. am eindrucksvollsten dar im Zusammenhang mit der Auslegung von Gal 3,9 im Großen Galaterkommentar von 1531 (1535)[29]. Die hl. Schrift ist voll von »Antithesen« (391,18), so stellt L. hier zunächst lapidar fest; der Kontext macht deutlich, daß er darin seine systematische Grundpolarität von Gesetz und Evangelium bestätigt findet. Dieser fundamentalen Antithese entspricht für L. auch die an dieser Stelle von Paulus gebrauchte von Fluch und Segen.

26. Lat. »per recitationem verborum Christi«; FC, Ep. VII 4 (IV), in: BSLK, S. 798.
27. GK, 2. Geb., in: BSLK, S. 578.
28. KK, in: BSLK, S. 521 f.
29. WA 40 I.

Der christologisch begründete Fluch ist nichts anderes als eine Art »Diluvium« (Sintflut), welche alles, was »extra Abraham«, außerhalb des Abrahamssegens ist, vom Heil »absorbiert« (ebd.). Damit ist die entscheidende Kategorie gewonnen. Segen, Glaube und Christusverheißung gehören zusammen, ebenso Fluch, Werkerei und Unheil im geistlichen Sinn. So gesehen ist das Papsttum ein Fluch wie auch die kaiserliche Jurisdiktion, denn alles was außerhalb von Verheißung und Glauben Abrahams ist, das ist Fluch (394,18ff.). Das ist nun durchgängig vom sog. »zweiten Gebrauch des Gesetzes« her zu verstehen, vom »usus elenchticus sive theologicus«, also: der »erste Gebrauch« des Gesetzes, der ein friedsames weltliches Leben ermöglichen soll, bleibt hier, wo es um die christologische Grundlage geht, einfach außer Betracht[30]. Zwar fehlt nicht der Hinweis auf weltliches Wohlergehen bzw. Unglück, aber in diesem Zusammenhang geht es um mehr: »Leiblicher« (corporalis) Segen ist zeitlich und hat sein Ende, er befreit keineswegs von ewigem Fluch (394,27ff.). Nur Christus, der, stellvertretend die Strafe erleidend[31], selbst zum »Fluch« für uns wurde, hebt eben dadurch den ewigen Fluch auf und verschafft ewigen Segen.

Stärker kann der Kontrast von zeitlichem und ewigem Segen bzw. Fluch nicht hervorgehoben werden, als es in diesem Zusammenhang bei L. geschieht. In dieser Darlegung[32] zeigt sich am deutlichsten, was durchgängig die ontologische Grundlage schon aller früheren Aussagen L.s über Segen und Fluch war, und dabei ist es auch fortan geblieben. Wo es um die allgemeine, nicht spezifisch liturgische Bedeutung von Segen und Fluch geht, ist Fluch die Funktion des Gesetzes, Segen die des Evangeliums; beide sind im wesentlichen geistlich zu verstehen, sie haben Ewigkeitscharakter, der weltlich-zeitliche Charakter dagegen tritt demgegenüber deutlich zurück.

c) Melanchthon

Bei M. werden Segen und Fluch sogar noch strenger und schärfer als bei Luther auf Gesetz und Evangelium bezogen; die Begriffe haben bei ihm einen eindeutig christologisch-justifikatorischen Charakter. Für ihre liturgische Bedeutung aber hat M. wenig Interesse; Äußerungen dazu fehlen in den Loci 1559 einfach.

---

30. Zum Problemkreis der zwei bzw. drei Gesetzesgebräuche s. *G. Ebeling:* Zur Lehre vom triplex usus legis in der reformatorischen Theologie, in: Wort und Glaube, Bd. 1, Tübingen 1960, S. 50–68.

31. Zu Luthers Auffassung vom stellvertretenden Strafleiden, dem Herzstück seiner Lehre vom Amt Christi, s. bes. WA 31 II, 432ff. (Jesaja-Vorlesung, zu Jes 53).

32. In diesen Zusammenhang gehört noch bes. S. 453ff. und S. 513ff. – WA 39, 1 u. 2 ist für die Segen-Fluch-Thematik sowohl nach der liturgischen wie nach der christologisch-ontologischen Bedeutung nicht ergiebig.

Das Evangelium ist »die Verheißung der Gnade, des Segens, des göttlichen Wohlgefallens durch Christus« (II, 1, 68f.). Die Verheißung zeitlichen Wohlergehens (etwa irdischer Güter für Noah), sind als Hinweise (figurae) geistlicher Verheißungen aufzufassen (ebd.). Solcher leiblicher Segen (corporalis benedictio) fehlt freilich nicht einfach, aber auf ihn kommt es an sich nicht an: wer an das Evangelium glaubt, hat damit alle »leiblichen Segensgüter« (105). Alle Heiden sind unter dem Fluch, und das heißt unter dem Verhängnis von Sünde und Tod; nur der »Same Abrahams« ist davon befreit (349). Hervorzuheben ist noch der ekklesiologische Charakter von Segen und Fluch: Der Abrahamssegen liegt auf der Kirche und den recht Lehrenden (II, 2, 491).

d) Calvin

Wie bei Melanchthon spielt auch bei C. die liturgische Bedeutung des Segensbegriffs im Vergleich mit Luther keine nennenswerte Rolle; dies erklärt sich aus der spiritualistischeren Grundauffassung im Abendmahlsverständnis, welche, bei aller Verschiedenheit im einzelnen, die Position der beiden Theologen gleichermaßen charakterisiert. Wo die leiblichen Elemente im Abendmahl eine geringere Bedeutung haben, sind auch die Einsetzungsworte mehr historische Reminiszenz als wirkkräftige Segensvermittlung.
Eine um so wichtigere Rolle spielt jedoch bei C. dann das alttestamentliche Segens-(und Fluch-) Verständnis, und zwar auch hinsichtlich der weltlichen Auswirkung. Dieser Sachverhalt resultiert zweifellos aus dem Kern des theologischen Denkens von C., und zwar in seiner Rechtfertigungslehre, im besonderen in seiner Auffassung vom Gesetz nach seinem sog. »dritten Gebrauch«, dem tertius usus legis, der mehr oder weniger permanent für die Gerechtfertigten gilt[33].
Für C. ist der »dritte Gebrauch« der hauptsächliche (praecipuus)[34], nicht wie für Luther der zweite, der »theologische«, der in die Buße führt. Melanchthon war es, der die Lehre vom dritten Gebrauch eingeführt und entwickelt hat, jedoch nicht mit jenem Schwergewicht, das dieses Lehrstück dann erst – und dies wohl auch unter dem Einfluß Zwinglis – bei C. gewonnen hat. Legt C. nun so großen Wert auf die für die Gläubigen maßgebende Geltung des Gesetzes im »didaktischen« Sinn, als Weisung für das permanent im Glaubensstand geführte Christenleben – im Unterschied zu jenem stetigen dynamischen Neuanfangen, wie es für Luthers Verständnis charakteristisch ist –, so wird die biblische Weisung für C. als ganze einhelliger, undialektischer, die Unterschiede zwischen AT und NT, Gesetz und Evangelium, Geist und Buchstaben,

33. S. hierzu G. Ebeling a. a. O.; *W. Elert:* Zwischen Gnade und Ungnade, München 1948, bes. S. 165ff.
34. Inst. II, 7, 12.

werden mehr ausgeglichen, ja treten überhaupt in den Hintergrund. Da aber andererseits auch C., vor allem dem Katholizismus gegenüber, auf der Grundlage der schon von Luther vertretenen Rechtfertigungslehre fußt und ständig verbleiben will (allein aus Gnaden, nicht aus Werken), so sieht er sich genötigt, das freie Gnadenwirken Gottes weit stärker zu betonen als es je im Katholizismus denkbar war, weit stärker auch als Melanchthon: Seine Lehre von der Gnadenwahl (Prädestination), in ihrer ganzen Schroffheit nur mit wenigen extremen Äußerungen Luthers in De servo arbitrio (WA 18) vergleichbar, sicherte dann die Abwehr jeder neuen Werkerei, jeder Selbstrechtfertigung aus dem Gesetz. Vor diesem Hintergrund konnte C. Gesetz und Evangelium zu einer neuen, Luther gegenüber ganz undialektischen Einheit zusammenziehen; und er konnte ferner das Verhältnis von Gesetz und Evangelium durchgängig nach dem schon in der altkirchlichen wie auch in der scholastischen Theologie üblichen Schema von Zeichen und Wirklichkeit, Sinnbild und Erfüllung, also nach einem symbolischen Schematismus entwerfen und darstellen, ohne dadurch in die Theologie der Scholastik zurückzufallen. Zugleich damit rückt bei C. auch ein stärkerer Biblizismus in den Vordergrund, weit mehr als es bei Luther und Melanchthon je der Fall war. Von diesem Biblizismus her sieht sich C. nun genötigt, der ganzen Bedeutungsbreite gerecht zu werden, die dem Begriff des Segens besonders im AT eignet; da die gesamte Offenbarung für C. Evangelium und Gesetz in Einheit ist, können die Begriffe Segen und Fluch wieder jene Eigenständigkeit gewinnen, welche sie bei Luther und Melanchthon doch weithin verloren hatten. Segen und Fluch gelten wieder als allgemeine Fügungen des göttlichen Weltregiments, wobei freilich das Symbolschema C.s zugleich immer einen christologischen Aspekt offen hält: Jeder göttliche Segen, auch über Heiden, will als Hinweis auf Christus verstanden sein, von dem er seine eigentliche Kraft und sein Wesen hat.
Im Folgenden seien aus Inst. 1559 die wichtigsten Einzelbelegstellen für C.s Segensverständnis angeführt.
Im Zusammenhang der Vorsehungslehre weist C. darauf hin, daß jedes fruchtbare Jahr auf Gottes besondere Segenswirkung zurückzuführen sei und keineswegs nur auf die von Gott ohnehin in die Schöpfung gelegten Naturkräfte; desgleichen gehen Nahrungsmangel und Hungersnot auf Gottes Fluch zurück (I, 16, 5). Für den Gläubigen, der Vater und Mutter ehrt, gehört auch das gegenwärtige Leben zu den Segnungen Gottes, wie C. in der Erklärung des Dekalogs ausdrücklich betont (II, 8, 37). Selbstverständlich steht im Zentrum von C.s Segensauffassung wie bei Luther das christologische Fluch-Segens-Verständnis von Gal 3,10ff. (II, 16,6); dennoch geht C. in gewisser Hinsicht mit dem Segensbegriff etwas unbefangener und weniger zurückhaltend um als Luther. Ging es letzterem in stärkerem Ausmaß darum, zwischen rein zeitlichem Segen und geistlich-ewiger Heilsgabe zu unterschei-

den, was mit seiner strengen Unterscheidung von Gesetz und Evangelium auch für den im Glauben Gerechtfertigten zusammenhängt[35], so liegt C.s Interesse bei dieser Frage mehr auf dem Sachverhalt, daß es, sei es nun zeitlicher oder ewiger Segen, sich in jedem Fall um den Segen des einen Gottes handelt – das sind gewiß lediglich Verschiedenheiten in Nuancen, aber sie sind doch nicht ganz ohne Gewicht. So hebt C. beispielsweise hervor, daß Esau zeitlichen Segen gewährt bekam, und in diesem Zusammenhang findet keinerlei negative Bewertung statt. Darüber hinaus wird für C. der Segensbegriff ganz allgemein zur Formel für alles Gute, das Gott stiftet: Ohne Gottes Segen schlägt überhaupt alles zum Bösen aus (III, 7,8). Für den Gläubigen gehört andererseits auch ein jammererfülltes Leben zu den Segnungen Gottes; Gottes Züchtigungsgericht ist Segen, nur sein Zorngericht ist Fluch (III,4,32; III, 9,3). Dennoch ist äußerliche, weltliche Segnung keineswegs bedeutungslos; bekäftigt doch Paulus (hier Röm 9–11) selbst jene typologische Interpretationsweise, die Segen (und Fluch) als symbolischen Hinweis auf geistlichen Segen zu verstehen lehrt (III, 22, 6).

Anhang

C.s Auffassung vom göttlichen Segen hat für die Folgezeit beträchtliche Auswirkungen gehabt, besonders dann im Zusammenhang ihrer säkularisierten Nachwirkungen, auf die Max Weber in seinen Aufsätzen zur Religionssoziologie aufmerksam gemacht hat[36]. Aus der Unsicherheit über die eigene Erwählung, also aus dem Erschrecken über das »dictum horribile« der Gnadenwahl erklärt sich die besonders im Puritanertum Nordamerikas während des siebzehnten Jahrhunderts stets zunehmende Tendenz, sich durch den Blick auf das eigene Welthandeln darüber Gewißheit zu verschaffen, ob man selbst als »Werkzeug göttlicher Macht« wirke (Weber 108), also wirklich im göttlichen Beruf (calling) stehe. Kein Zweifel, daß ein solchermaßen auf sein Berufswirken Achtender unbewußt seine äußersten Kräfte für das Gedeihen seiner weltlichen Geschäfte einsetzt und das dann auch meist mit Erfolg. Daraus erklärt sich schließlich, wenigstens zu einem wesentlichen Teil, die moderne amerikanisch-»kapitalistische« Pflicht- und Erfolgs-Ethik, natürlich immer eng verbunden mit dem Ideal des ehrlichen und sozial verantwortungsbe-

35. Zur Frage des Gerechtfertigtseins als »Stand«, des Stehens im Glauben, des »simul peccator justus« (der Gerechtfertigte zugleich noch als Sünder) nach Luthers Auffassung s. bes. *W. Elert:* Zwischen Gnade und Ungnade, München 1948; *R. Bring:* Gesetz und Evangelium und der dritte Gebrauch des Gesetzes in der lutherischen Theologie, Helsinki 1943; *K. Holl:* Ges. Aufsätze zur Kirchengeschichte I, Tübingen 1932, S. 111–154.

36. *M. Weber:* Ges. Aufsätze zur Religionssoziologie I, Tübingen 1963.

wußten Geschäftsmannes. Den Umschlag zum bloßen Erfolgs-Kapitalismus sieht Weber bei Benjamin Franklin, der, selbst zwar ein »konfessionell farbloser Deist« (36), doch seine Grunderkenntnis, daß sich im Geschäftsleben Tugend als nützlich erweise, auf göttliche Offenbarung zurückführte (35). Vor Franklin jedoch war das Streben nach erfolgreichem weltlichem Handeln in den puritanischen Kreisen rein theologisch qualifiziert, und hier hat nun der alte calvinische Segensbegriff seinen eigentlichen Ort; zwar gilt das »Streben nach Reichtum als *Zweck*« dem Puritaner als »Gipfel des Verwerflichen«, doch sieht er andererseits in der Erlangung des Reichtums als *Frucht* der Berufsarbeit »den Segen Gottes« (192). An dieser Entwicklungslinie, welche von Weber besonders durch Baxter und Franklin veranschaulicht wird, läßt sich auch deutlich verfolgen, auf welchem Weg der ursprünglich rein theologisch zu verstehende Segensbegriff zu seiner heute allgemein verbreiteten rein säkularistischen Bedeutung gekommen ist (»Glück und Segen«).

III. Engel (auch Dämonen)

a) Allgemeines

Aus der griechischen Welt ist neben den Naturgeistern (Nymphen, Dryaden, Nereiden, Tritonen, Satyrn usw.), den Totengeistern und den chthonischen Mächten (Erinnyen) vor allem der Begriff Daimon und Daimonion zu erwähnen, der eine geradezu theophore Funktion gewinnen konnte und somit bereits der christlichen Engelvorstellung nahekam; auch darf daran erinnert werden, daß die spätere christliche Ikonographie die Vorlage für ihre Engeldarstellungen in den griechisch-römischen Bilddarstellungen zuerst der geflügelten Niken[37] und dann der persönlichen Schutzgeister, der Genien, hatte[38].

37. Bes. eindrucksvoll sind die Reliefs des Agorakritos von der Balustrade des Niketempels auf der Athener Akropolis.

38. Eine deutliche Unterscheidung mythologischer Geistwesen nach einer angelologischen und einer »dämonologischen« Klasse ist erst im Stadium der ausgebildeten Hochreligion möglich. Wesentlich ist dabei natürlich der monotheistische Hochgottglaube, weil er am deutlichsten die beiden Klassen einander geradezu personhaft entgegenzusetzen ermöglicht; doch ist auch schon für den frühen Buddhismus eine klare

Mag der ältere israelitische Begriff des himmlischen Hofstaats Jahwes und seiner Heerscharen (Zebaoth) aus dem allgemein altorientalischen Schema der Begleitgötter herausgewachsen sein, mag die Vorstellung von den sechsflügeligen Seraphen (Jes 6,2) und von den schwert- und flammengerüsteten, auch als vierflügelig geschilderten Cheruben (Gen 3,24; Ez 1,5ff.) vorwiegend in der religiösen Bilderwelt Mesopotamiens ihren Ursprung haben[39], so darf man im Unterschied dazu die Vorstellung vom »Engel Jahwes« als eigenständige israelitische Ausbildung ansehen, zwar nicht völlig ohne Vorstufen in einem allgemeinreligiösen »Götterapparat«, aber doch vor allem zu verstehen als theologisch begründete und durchreflektierte Erscheinungsweise Jahwes im Sinn einer klaren Vergeistigung ursprünglicherer Anthropomorphismen. Von all dem zu unterscheiden ist dann aber noch die spätere jüdische Engellehre, für deren Ausbildung besonders iranische Vorstellungen wirksam geworden sind.

Die zarathustrische Dogmatik[40] hat die wichtigsten altiranischen Gottheiten zu Mächten umgebildet, die streng dem einen Hochgott Ahura Mazda untergeordnet sind, ja eigentlich, nicht unähnlich dem »Engel Jahwes«, dessen Wirkens- und Erscheinungsweisen sind. Zarathustra hat des weiteren eben diese Mächte sozusagen »existenzialisiert«, indem er sie zu erfahrbaren Manifestationen Ahura Mazdas im menschlichen Geist machte. Diese amesha

---

Antithese (die guten Genien und das Dämonenheer des Mara) selbstverständlich, und das ohne jeden Hochgottglauben – wobei es freilich sein könnte, daß hier eben an der Stelle des Hochgotts die immerhin personhafte Erlösergestalt des Buddha steht, obwohl dieser nach streng orthodoxer Auffassung ja als ins Nirvana eingegangen dem späteren Jünger unerreichbar geworden ist. – Wo die beiden Klassen deutlich unterschieden sind, lassen sich vor allem folgende wesentlichen Merkmale feststellen. *Erstens* (hinsichtlich des Substanziellen): Engel stammen vom guten Gott ab oder gehören zu seiner Hierarchie, für Dämonen gilt dasselbe im Verhältnis zum Widersacher; hier herrscht das Prinzip von Gut und Böse, dazwischen gibt es strenggenommen keine »neutrale« Qualität (die »neutralen« Zwerge, Heinzelmännchen, Poltergeister u. dgl. fristen ihr Dasein nur noch in der Märchenwelt oder im Volksaberglauben). *Zweitens* (hinsichtlich des Essenziellen): Dämonen sind charakterisiert durch Züge der Tricksterfigur, sie haben etwas Täuschendes an sich, erscheinen also etwa maskiert als gute Mächte, aber immer ist es dem Religiösen möglich, diese Tarnung zu durchschauen (die schöne Melusine, die plötzlich als Drachenscheusal erkennbar wird). Dämonen sind immer durch und durch lügenhaft, Engel dagegen können nicht lügen: sie können zwar gleichsam verhüllt erscheinen (s. Tob 5), aber dann als guter Gefährte, und sie täuschen nichts vor, was sie nicht sind. Auch ein Dämon könnte den guten Gefährten zu spielen versuchen, aber nach der allgemeinreligiösen Überzeugung muß dies mißlingen, sobald der Fromme mit den Forderungen seiner Religion Ernst macht. In der Situation der Versuchung muß sich der Dämon enttarnen (vgl. Mt 4,1–11 par.).

39. S. *André Parrot:* Der Louvre und die Bibel, Zürich 1961, bes. S. 129–134.

40. S. zum Folgenden bes. *Geo Widengren:* Die Religionen Irans, Stuttgart 1965.

spenta, die »heiligen Unsterblichen«, dürfen als frühestes geschichtliches Beispiel für die reife und fertig ausgebildete Engelvorstellung einer Hochreligion gelten. Die amesha spenta sind nicht nur, wie der »Engel Jahwes«, momentane Manifestationen des Hochgotts, sondern dessen permanente Emanationen; hält man daran fest, daß hierbei ein strenger Subordinatianismus herrscht, so ist es sogar erlaubt, von Hypostasen zu sprechen. Von hierher ist es dann kein weiter Schritt zu den von Paulus genannten gnostischen »Elementen« (stoicheia), desgleichen auch zu den Vergeschichtlichungen solcher Mächte zu Völker- und Staatsengeln, die wir vom Danielbuch her kennen, und schließlich zu den paulinischen »Fürstentümern und Gewalten«, den metapolitischen Ursprüngen wie auch dämonischen Antreibern und metapsychologischen Archetypen historischer Machtfunktionen. Gerade das Schillernde im Wesen dieser »Prinzipien, Kräfte, Mächte, Throne und Herrschaften«[41], die einerseits Schöpfungsmächte sind und sich doch oft genug zu widergöttlichem Handeln hergeben, gerade diese Ambivalenz ist charakteristisch für einige fundamentale Wesenszüge der jüdisch-apokalyptischen und urchristlichen Engelvorstellung hinsichtlich ihrer ontologischen Seite: Göttlicher Ursprung und göttliche Wirkenskraft, Eingebundenheit ins menschliche Sein, und zugleich kosmisch-elementare Zwiespältigkeit.
Neben diesen Engeln, zu verstehen als unmittelbare Aspekte des Hochgotts, kennt der Iran schon vor Zarathustra, aber auch in dessen Lehre und so noch lang nachwirkend, eine zweite Kategorie: es sind die sogenannten fravashi, Schutzengel, die grundsätzlich dem Einzelmenschen und nur jeweils ihm zugeordnet sind. Wie das gesamte zeitgenössische Judentum kennt auch Jesus sie und bekennt sich zu ihnen (Mt 18,10). Dabei ist vor allem jener Wesenszug wichtig, der sich aus dem Kontext ergibt: Die Engel der »Kleinen« sehen durchgängig und unentwegt Gottes Antlitz, was offenbar von denen der »Großen«, der Erwachsenen vielleicht, so ohne weiteres nicht gesagt werden kann. Der empirische Mensch beeinflußt also durch sein existenzielles Verhalten auch die Stellung seiner idealen Repräsentation vor Gott, welch letztere durch den Schutzengel dargestellt wird.
So entsteht schon im Iran die Vorstellung einer hierarchischen Ordnung der Engelmächte, und zwar zunächst in einer Zweiteilung, wonach sich die höhere Klasse göttlicher Manifestationsengel (»Erzengel«) von einer niedrigeren anthropologisch strukturierten Schutzengelkategorie unterscheidet. Wesentlich ist für beide Klassen aber dies, daß sie eine Mittlerfunktion ausüben, welche die göttliche Sphäre mit der menschlichen und also der erleb- und erfahrbaren verbindet. Von daher gesehen ist es verkehrt, von »Engelspekulationen« zu reden: Engel sind erfahrbare Wirklichkeitsmächte. Diese irani-

41. S. hierzu Kittels ThW zu den Begriffen archai, dynameis, exousiai, thronoi, kyriotetes.

schen Grundvorstellungen finden sich besonders deutlich wieder im Buch Tobit, sowohl beim Begleitengel des jungen Tobias wie auch bei dem bösen Dämon Asmodi, dessen Name auf den iranischen Begriff aêschma daêva, Zornesgeist, zurückgeht. Das Judentum und das frühe Christentum haben sich also weithin an die iranische Engelvorstellung unmittelbar angeschlossen. Die erwähnte Zweiteilung der Engelhierarchien spiegelt sich noch deutlich im vierten Kapitel der »Himmlischen Hierarchie« des Areopagiten wider.
Daß einer ausgebildeten Engelvorstellung dann auch grundsätzlich irgendeine »Dämonologie« entgegengestellt werden muß, zeigt sich ebenfalls schon am Beispiel der iranischen Religion deutlich. Dies scheint überhaupt eine religiöse Grundstruktur zu sein. Dämonenvorstellungen können, zum einen, aus einer sehr alten animistischen Schicht stammen, zum andern aber auch aus einer Spätphase, in der frühere Hochgötter dämonisiert weiterexistieren (Hermes Trismegistos wird zu Mephistopheles).
Will man die Ausbildung der Engel- (und Dämonen-) Vorstellungen und ihre Übernahme in die biblische Religion nicht lediglich aus zeitgebundenen Denkgewohnheiten erklären und somit im Grund als belanglos abtun, so wird man dem überraschend großen Gewicht Aufmerksamkeit zuwenden müssen, welches dieser Vorstellungskomplex innerhalb einer doch so streng monotheistischen Religion wie der jüdischen und urchristlichen zu gewinnen vermochte; noch mehr fällt dies ins Auge bei einem Blick auf den Islam, der in der Ausweitung der Engelvorstellungen noch viel weiter ging als die beiden älteren Schwesterreligionen. Ob hierin nicht überhaupt eine dem Monotheismus eigene innere Notwendigkeit vermutet werden muß? Wir werden diese Frage zum Schluß noch einmal aufgreifen müssen.
Bei den Reformatoren findet sich allgemein, abgesehen von den generellen Vorbehalten gegenüber der scholastischen Metaphysik und der strengeren Bindung der Engellehre ans Schriftzeugnis, hinsichtlich der substantiellen Seite keine einschneidende Korrektur der traditionellen Angelologie. Freilich ist ein kräftiges Konzentrationsbemühen festzustellen, welches jede Engelvorstellung merkbar theologisiert, d. h. unmittelbar auf Gott zu beziehen bemüht ist. Darin stehen die Reformatoren freilich in einer alten Tradition, die auch in der alten und mittelalterlichen Kirche nie ganz abgerissen war. Immer hatte es da Vorbehalte gegen eine allzu verselbständigte Engelvorstellung gegeben, was z. B. Widersprüche besonders gegen den Brauch hervorrief, den Engeln Kirchenbauten zu widmen (Augustin, Theodoret). Diese Linie wird also bei den Reformatoren lediglich verstärkt.
Hinsichtlich der liturgischen Seite der Engellehre jedoch wird ein neuer Ton angeschlagen. Religiöse Engelverehrung wird nunmehr radikal verworfen (Art. Smalc. II,2). Die Warnung von Apk 22,9 (keine Anbetung der Engel) bekommt bei den Reformatoren dadurch einen besonders starken Akzent, als, schon mit Luther beginnend, wie zu zeigen sein wird, mit Konsequenz der

Grundsatz in den Vordergrund gerückt wird, daß Gottsein und Schöpfersein identisch sind, während die Engel, als zur Mitarbeit im Schöpfungswerk Berufene, ihre Geschöpflichkeit mit dem Menschen teilen: dieser an sich immer schon bekannte Grundsatz erfährt nun eine entscheidend verstärkte Bewertung, und der Grund für diese Verstärkung liegt eindeutig in der reformatorischen Rechtfertigungslehre! Die Rechtfertigungslehre duldet es nicht, daß menschliche Hoffnung sich an andere Nothelfer wende denn an Gott und Christus allein. Hiermit sind freilich die reformatorischen Theologen in eine gewisse innere Widersprüchlichkeit geraten, die aber, unter den ihnen vorgegebenen geistigen Voraussetzungen jedenfalls, ertragen, ja sogar als fruchtbar angesehen werden konnte, die andererseits jedoch unter geänderten Prämissen sich verhängnisvoll ausgewirkt hat. Das Schwinden der Engel- und Heiligenverehrung war nämlich eben doch ein wesentlicher Ansatzpunkt, von dem her dann im extremen Rationalismus nicht nur der Glaube an Engel und Dämonen, sondern schließlich auch der traditionelle Gottesgedanke selbst als rückständig hingestellt werden konnte: mit dem hochgemuten Abtun der Engel- und Teufelsvorstellungen fing es an, mit dem hochfahrenden Atheismus hat es schließlich geendet. Man sollte diesen historischen Zusammenhang nicht allzu gering veranschlagen.

b) Luther

In Art. Smalc. II, 2 spricht L. die Hoffnung aus, es werde die Engel- und Heiligenverehrung schließlich in Vergessenheit geraten, wenn erst die »abgöttische Ehre« weggetan sei. Er kann sich also eine der Rechtfertigungslehre nicht widersprechende Engelverehrung zwar denken und sie sogar zulassen, wünscht sie aber dennoch eigentlich nicht. Darin wird man eine Auswirkung seines justifikatorischen Schwerpunktdenkens sehen dürfen, welches manchmal dazu geführt hat, daß religiöse Wirklichkeiten und Wirklichkeitsbezüge, die wie gerade die Engellehre nicht ohne weiteres mit der Rechtfertigungslehre in enge theologische Verbindung gebracht werden können, nicht immer ausführlich genug behandelt werden konnten; daß dies freilich nicht der ganze Luther war, vor allem nicht der der großen Abendmahlsschriften, braucht nicht weiter ausgeführt zu werden. Von seinem justifikatorischen Ansatz der Engellehre ist L. nun ausdrücklich nirgendwo abgewichen; aber viele seiner Aussagen zu diesem Thema zeigen doch deutlich genug, daß für ihn die ontologische Seite der traditionellen Engellehre in keiner Weise in Frage stand, ja sogar daß er die existenziale Seite des Engelglaubens für unentbehrlich hielt, wie auch, daß er selbst mit Inbrunst an der Überzeugung hing, von den »lieben Engeln« schützend umgeben und getragen zu sein. Eine Gottesvorstellung ohne Engelvorstellung konnte es für ihn schlechterdings nicht geben. Sein bekannter Abend- und Morgensegen schließt: »Dein heiliger Engel sei mit mir, daß der böse Feind keine Macht an mir finde.«[42] Die Engel sind die Helfer im geistlichen Ringen, ebenso wie gegen alle Nöte in dieser materiellen Welt.

In den *Disputationen* finden sich Äußerungen L.s über Engel (bzw. Dämonen) nur in Zusammenhängen, die anderen dogmatischen Themen gewidmet sind, meist aus dem Problemkreis der Rechtfertigungslehre, speziell angelologische Themenerörterungen kommen nicht vor. Die Einzelaussagen WA 39 I und II lassen sich nach *fünf* Gruppen ordnen.

Erstens: Gott hat die Engel aus dem Nichts erschaffen, und dies so, daß sie in Ewigkeit unverderbt bleiben werden (II, 342, 17f.; Thesenreihe über verschiedene dogmatische Hauptgebiete, hier im Zusammenhang mit der Lehre von der Übertragung der Erbsünde). Der eigentliche Ort der Engel ist im Himmel vor Gott, wo Lobpreis und Heilsjubel lautwerden (I, 278, 9ff.; Zirkulardisputation über das große Abendmahl, verstanden als Sinnbild des Rechtfertigungsgeschehens, hier im Zusammenhang mit der Lehre von den Früchten des Glaubens).

Zweitens: Trotz der Hoheit des Stands der Engel sind auch für sie manche Glaubenswahrheiten zu erhaben, als daß sie von ihnen begriffen werden könnten. Dies gilt vor allem von den Geheimnissen der Trinitätslehre und der Christologie. Auf welche Weise sich eine Person der Trinität von der Gottheit selbst unterscheidet, geht über alle Vernunft, auch für Engel ist es unfaßlich (II,253, 13f.; Thesenreihe über die Einheit der göttlichen Wesenheit); wie die beiden Naturen Christi in einer Person vereinigt sind, dies können nicht einmal die Engel begreifen (II, 98, 13ff.; Disputation über Gottheit und Menschheit Christi).

Drittens: Engel sind ohne Gesetz gerecht; sie haben Christus zur Rechtfertigung nicht nötig; sie haben keine Strafe zu erwarten und zu befürchten (I, 203, 28f.; Thesenreihe über Gesetzeswerke und Gnadenwerke. – I, 116, 10ff.; Disputation über die Rechtfertigung. – I, 564, 11ff.; dritte Antinomerdisputation).

Viertens: Die Engel haben das Gesetz nicht nötig, weil sie es sozusagen von Natur her erfüllen; der Gehorsam gehört zu ihrem Wesen, sie haben ein reines Herz; und insofern Gott in den Gläubigen das reine Wesen zu schaffen beginnt, macht er sie den »heiligen Engeln« ähnlich (I, 365, 1ff.; I, 387, 12ff.; erste Antinomerdisputation. – I, 45, 18ff.; Thesenreihe über den Glauben).

Fünftens: Insofern die Engel von Natur die Forderung des Gesetzes erfüllen, kann man uneigentlich (»improprie«) sagen, sie seien unter dem Gesetz; doch ist das Wesentliche bei dieser Aussage darin zu sehen, daß das Gesetz den Engel nicht anklagen kann (I, 436, 1ff.; zweite Antinomerdisputation). – Und wo es darum geht, den Anspruch des Papsttums zurückzuweisen, wonach der

42. KK, in: BSLK, S. 521.

Papst göttliche Gesetze erlassen könne und somit gleichsam über dem Gesetz stehe, kann L. sogar die »uneigentliche« These ins Feld führen, die Engel seien »unter dem Gesetz« (II, 82, 32ff.; Zirkulardisputation über das Widerstandsrecht).
Eine dogmatisch befriedigende Angelologie läßt sich aus diesen Äußerungen nicht gewinnen; L. streift hier das Thema nur, die justifikatorische Engführung der theologischen Ethik beherrscht die Problematik. Die ontische Seite der Angelologie kommt erst dann voll zur Sprache, wenn L. seine Engellehre in engem Zusammenhang mit der Lehre von den Dämonen und vom Teufel entfaltet. Das deutlichste und ausführlichste Zeugnis dafür ist L.s Sermon von den Engeln, die Koburger Michaelispredigt von 1530 (WA 32, 111ff.).
Hier fällt am stärksten die persönliche Verbundenheit L.s mit den »lieben Engeln« auf; und dabei zeigt sich, daß der Meister der justifikatorischen Engführung gerade im Theologischen nicht wirklich verstanden werden kann, wenn man nicht seine theologischen Äußerungen in den weiteren Rahmen seiner *religiösen Existenz* im Ganzen einzuordnen bereit ist. Und vielleicht liegt L.s Bedeutung für die heutige Christenheit überhaupt vorrangig in seiner als Fundament seiner theologischen Gedankenwelt neu zu erforschenden Religiosität – wofür Karl Holl erst einige Grundlagen erarbeitet hat –, und nicht so sehr in einer hiervon abstrahierten »Theologie« als Summe seiner Lehraussagen; hier wäre noch ein weites Forschungsfeld zu bearbeiten.
Theologisch finden wir auch in der Michaelispredigt die bekannten Hauptlinien vor: Warnung vor rechtfertigungswidriger Engelverehrung, Aufforderung zum Dank an Gott für die vielfältige Engelhilfe, Ermutigung zum Glauben an diese Hilfsmacht in tausend irdischen Fährnissen. L. kennt durchaus den platten Zweifel derer, die die Existenz von Dämonen wie von Engeln leugnen, wie das schon bei den Sadduzäern der Fall war (112, 10ff.); ernster nimmt er diejenigen, welche immerhin glauben, »dass Teufel seien«, aber doch nicht ahnen, »daß er so nahend sei«, sondern vom Teufel so denken, als sei er »über hundert Meil(en) hin weg« und dies ganz so, wie man normalerweise auch den Tod ansieht; wer aber dessen Nähe nicht kennt, der weiß auch nicht, »wie edel das Leben ist«. Damit gewinnt nun L. den eigentlichen Ansatz der ontologischen Seite seiner Engellehre: so nahe wie uns Teufel und Tod sind, und so nahe wie das eigentliche, das »edle« Leben uns sein sollte, so nahe müssen auch die Engel gedacht werden. Ginge es nach dem Teufel, so könnte der Mensch auch nicht »ein Augenblick leben« (115, 8); die Engel sind dagegen die von Gott eingesetzte Gewalt »widder den Teuffel, die yhm stets wehre und abbreche«. Aber das gilt auch nicht bloß für die weltlichen Nöte, sondern viel mehr noch für die geistlichen. Die Engel behüten unseren Glauben wider die Anfechtungen, und gerade das ist das Amt des persönlichen Schutzengels, da »ein iglicher Christ seinen Engel, der auff yhn warte« hat (116, 5). Die Engel wirken in diesem Amt so heimlich wie der Teufel, aber noch kräftiger; schießt

der Teufel böse Pfeile ins Herz, so der Engel »gute Pfeile«, indem er uns den Gedanken eingibt »Ey nicht also« (116, 28).
In dieser Michaelispredigt zeichnet L. seine Engel- (und Dämonen-)lehre am deutlichsten aus[43]. Die ontologische wie die existenziale Seite seiner Engellehre gehören aufs engste zusammen, keine ist ohne die andere denkbar; und alles wurzelt in seiner von christologischen Erkenntnissen getragenen und durchzogenen Ontologie.
In seinem großen Bekenntnis vom Abendmahl (WA 26) hat er mit ausdrücklicher Zustimmung zur Raumlehre der Schulphilosophie (327) diese Ontologie entfaltet, wonach es dreierlei Weisen der örtlichen Anwesenheit gibt. Gott und also Christus erfüllt das All, seine Gegenwart ist »übernatürlich«, der Fachausdruck dafür ist »repletive«; alles Körperliche ist fest umschreibbar an einem Ort, der Fachausdruck dafür lautet »localiter« und »circumscriptive«; Engel und Dämonen aber haben eine besondere Weise örtlicher Anwesenheit: sie können in einem Haus oder in einer Stadt, in einer Kammer oder einer Büchse, ja sogar in einer Nußschale zugegen sein, sind da wirklich und anderswo nicht, und sind da so, daß man sie nicht mit räumlichen Maßen umschreiben kann, sie sind »unbegreiflich«, der Fachausdruck dafür lautet »diffinitive« (327f.).
Die Frage nach L.s theologischem »System« ist auch von dieser Stelle her eindeutig zu beantworten: so wenig er eine Systematik vortrug, so klar ist in jeder Einzelheit auch wieder die Geschlossenheit seines theologischen Gesamtsystems, bei dem kein Baustein entbehrt werden kann; aber hier handelt es sich eben nicht um ein rein objektives System im Sinn etwa der aristotelischen Metaphysik, sondern um ein zur Gänze existenziell verwurzeltes und durchwaltetes: vielleicht ist es am richtigsten, einfach von einem sachgemäßen »religiösen System« zu sprechen. Hier könnte auch der Ansatz liegen, die traditionelle Engellehre hinsichtlich ihrer ontologischen Seite unter heutigen Denkvoraussetzungen dogmatisch neu zu fassen, und hier liegt auch der

43. Luthers stets unerschütterte Überzeugung von der Wirklichkeit des Dämonischen zeigt sich auch an seinem entschiedenen Festhalten am Exorzismus nebst Renuntiation (s. Taufbüchlein, in: BSLK, S. 538ff.); Straßburg, die Oberdeutschen und alle Reformierten sind hierin Luther nicht gefolgt. Im Luthertum begann dann seit dem siebzehnten Jahrhundert eine zunehmende Kritik am Exorzismus, der schließlich im Protestantismus, trotz mancher orthodoxer Repristinationsversuche im neunzehnten Jahrhundert, überhaupt in Vergessenheit geriet. – Interessant ist in diesem Zusammenhang jedoch, daß einige in neuester Zeit bekannt und sogar gerichtsnotorisch gewordene exorzistische Praktiken, wie auch ein einschlägiger amerikanischer Film (»Der Exorzist«), auf ein breites und keineswegs nur ablehnendes Echo in der so aufgeklärten Öffentlichkeit gestoßen sind. Dämonenvorstellungen scheinen sich als unterschwellig äußerst zählebig (vielleicht gar unsterblich?) zu erweisen.

Grund dafür, daß dem lutherischen Ansatz in unserem Zusammenhang besonderes Gewicht zukommt[44].

c) Melanchthon

Bei M. findet sich eine auffällige Zurückhaltung in allen Fragen der Engellehre. Wenn er auf sie eingeht, so, sowohl früh wie auch in der Spätzeit, einerseits unter der bei ihm üblichen Unterordnung unter den existenziellen Bezug jeder theologischen Aussage im Sinn seiner Rechtfertigungslehre, andererseits unter die für ihn selbstverständlichen, biblisch korrigierten aristotelischen Kategorialitäten. Eine geradezu klassische Formulierung findet sich unter Definitiones (1099)[45]: »Ein guter Engel ist eine geistige Persönlichkeit (Individualität), geschaffen nicht aus den Elementen, sondern aus dem Nichts, damit sich in ihr die Göttlichkeit unter den geistigen Anlagen ausbreite; von der Schöpfung her ist sie mit Kenntnis des Gesetzes ausgestattet sowie mit Freiheit des Willens, Gerechtigkeit; von daher ist sie wahrhaft im Guten bekräftigt, in der Liebe zu Gott und den Engeln und den frommen Menschen in Wahrheit und Reinheit, so daß sie niemals von Gott abfällt; diese »persona spiritualis« ist geordnet (in gehöriger Ordnung), auf daß, obgleich sie vortrefflicher ist als die Natur, sie dennoch der Kirche diene, damit Gottes

---

44. Von zahlreichen weiteren Äußerungen L.s zur Engellehre seien wenigstens noch die folgenden hervorgehoben. In der Auslegung des Propheten Sacharja 1527 (WA 23) finden sich bes. S. 511–514 und S. 524–526 Aussagen von Gewicht über das dogmatische Problem der göttlichen Weltregierung durch die Engel, wobei hervorzuheben ist, daß nach L. die Alleinwirksamkeit Gottes in keiner Weise durch die Vermittlungsmächte als eingeschränkt zu denken ist. Auch die großen geschichtlichen Taten der heidnischen Römer wie des Hannibal und des großen Alexander sind nur zu verstehen als »Gotts und der Engel Werck« (S. 513, 3–7). Doch schärft L. immer wieder das Verbot der Engel-Anbetung im Sinn von Apk 19,10; 21,8f. ein; die theologische Begründung dieses Verbots erfolgt vorrangig unter dem justifikatorischen Aspekt: Engelanbetung mindert die Ehre Dessen, der allein »den Sünder gerecht macht« (WA 34, 2, 1–9); und sie läßt außer Acht, daß sowohl die Engel als auch wir Menschen zwar Mitarbeiter Gottes im Werk der Erhaltung sind, aber nicht am Schöpfungswerk Anteil haben, nicht »concreatores« sind (WA 47, 857): dieser letztere Aspekt ist der Hauptzug der ontologischen Seite der Engellehre.

45. »Angelus bonus est persona spiritualis, creata non ex elementis, sed ex nihilo, ut in ea divinitas se inter spirituales naturas patefaciat et in creatione ornata notitiis Legis et aliis, libertate voluntatis et iustitia, deinde vero confirmata in bono, videlicet in dilectione Dei, Angelorum et piorum hominum, in veritate et castitate, ut nunquam a Deo deficiat, ordinata, ut, quamquam natura praestantior est, tamen Ecclesiae serviat, ut voluntas Dei conspiciatur, qui vult fortiores servire inferioribus et studium humilitatis approbat« (StA II, 2,809).

Wille sichtbar werde, der will, daß die Stärkeren den Schwächeren dienen, und der das Bemühen nach Demut schätzt.« Die Definition des bösen Engels, des Dämons, schließt sich dieser Formulierung in genau entsprechenden Kontrastierungen an. Der aristotelische Zweckgedanke, der bei M. zugleich immer seine existenzielle Zielrichtung hat, ist darin zu sehen, daß die Engel der Kirche zu dienen haben, ihr Wirken außerhalb dieses Bereichs bleibt außer Betracht.
Trotz der dogmatischen Zurückhaltung M.s auf diesem Gebiet steht für ihn grundsätzlich die Existenz der Engel und Dämonen nicht in Frage. Es verdient noch hervorgehoben zu werden, daß von den zwei Engelliedern im heutigen Evangelischen Kirchengesangbuch eines (EKG 115, Paul Eber) die Übersetzung von M.s Michaelislied »Dicimus grates tibi« ist: M.s einziger Beitrag in unserem Gesangbuch ist also ein Engellied!

d) Calvin

Eine knappgefaßte, aber systematisch in sich geschlossene und vollständige Engellehre findet sich bei C. Inst. I, 14, 3–12. Engel sind Geschöpfe Gottes, darin liegt ihr Wesen; von diesem Grundsatz her ist zunächst jede Auffassung, die den Engeln ein höheres, ans Göttliche grenzendes oder gar göttliches Sein zuschreibt (Manichäer), scharf zurückzuweisen. Als Geschöpfe und Diener Gottes führen sie seine Befehle aus, dies lehrt die Schrift, und nur die Schrift darf als Wahrheitsgrund der Engellehre gelten, weshalb alle Spekulationen über Hierarchien u. dgl. abzulehnen sind. Engel sind vorrangig Helfer und Schützer; das Strafamt fehlt freilich nicht, doch immer ist das eigentliche Ziel des Engeldienstes dieses, den Blick der Menschen auf Gott zu richten: C.s Engellehre steht deutlich unter dem Vorzeichen der alle Lehraussagen auf sich konzentrierenden Ehre Gottes (Gloria Dei). An Einzelzügen sind noch wesentlich die Äußerungen, daß Engel nicht bloße Gedankenprojektionen, sondern reale geistige Substanzen sind, ferner, daß sie vorwiegend eine kollektive Heilsmacht darstellen, weshalb die Vorstellung eines Schutzengels als einer Art Einzelpersönlichkeit abzulehnen ist. Auf jeden Fall stehen die Engel unter Christus, sie sind aber ein Abglanz der göttlichen Herrlichkeit und machen so insbesondere Gottes Gnade dem Menschen erfahrbar.

Gemeinsam ist der Engellehre der Reformatoren, bei verschiedener Gewichtung und Akzentuierung im einzelnen: Geschöpflichkeit und Substanzialität als ontologische Kategorien; existenziale Bedeutung im Zusammenhang mit der Gnade; bei Luther stärker als bei den andern, wiewohl auch bei diesen nicht einfach fehlend, die Rolle der Engel als Widerpart zur Dämonenwelt; schließlich weitgehende Elimination des eigenständigen Rangs von Engeln im Liturgischen.

In letzterem Punkt darf vielleicht die Weichenstellung für die künftige Entwicklung zum Rationalismus hin gesehen werden; aber gerade hier ragt auch wieder Luther in bemerkenswerter Weise hervor und heraus: Solang noch »Michaelispredigten« gehalten werden können, wenn auch unter eindeutigem theozentrischem und justifikatorischem Vorzeichen, aber dennoch getragen von einer kräftigen innerlichen Zuneigung zu den »lieben Engeln«, solang ist der liturgische und damit der eigentlich religiöse Aspekt der Angelologie nicht völlig aufgegeben, und solang erscheint die Engelvorstellung überhaupt ein unentbehrlicher Teil des religiösen Gesamtkomplexes zu sein; ja vielleicht ist auch nur dann die Lebendigkeit einer theistischen Religiosität zu sichern und gesichert.

B. Theologie der Neuzeit

I. Wunder

a) Allgemeines

Was immer die Dogmatiker unserer Zeit zur Wunderfrage äußern, sie haben dabei, in mehr oder weniger kritischer Zustimmung oder in mehr oder weniger kritischem Gegensatz, Lessing und Schleiermacher im Rücken; sie wissen das durchweg und sie setzen sich damit, auch wo sie dessen nicht ausdrücklich Erwähnung tun, durchweg deutlich genug auseinander. *Lessing* steht, auch wo er den platten Rationalismus ablehnt, ja ihn in wesentlichen Ansätzen seines Denkens schon zu überwinden beginnt, für die Aufklärung. Auch *Schleiermacher* steht für die Aufklärung: Gerade der Verfasser der Reden über die Religion, der sich in dieser Schrift als der erste wirkliche theologische Überwinder der Aufklärung ausweist – wenn man von Hamann wegen der faktischen Wirkungslosigkeit seiner Autorschaft in dieser Hinsicht absehen will –, ist durch seinen Gegner, das Denken Kantisch-Fichteschen Gepräges, doch so stark in Beschlag genommen, daß seine Einzelaussagen immer wesentlich von der Auseinandersetzung mit dieser Gegnerschaft mitbestimmt sind. Doch meldet sich schon beim frühen Schleiermacher zugleich in voller Wirkensmächtigkeit ein weiterer geistesgeschichtlicher Faktor ersten Rangs zum Wort, der sich auch in unserer Zeit erneut als fruchtbar zu erweisen beginnt (z. B. Chr. v. Ehrenfels, C. G. Jung, K. Kerényi u. a.), es ist die Romantik.

Zum Verständnis der Aussagen neuerer Theologen in der Wunderfrage ist es unerläßlich, zunächst wenigstens knapp auf Lessing und Schleiermacher einzugehen. Das Denken der Aufklärung drang ins festgefügte theologische Weltbild ein, einmal im Zusammenhang mit der Entstehung eines neuen Raumverständnisses und -gefühls, wie es durch die kopernikanische Wende im Weltbild eingeleitet worden war; zum andern mit einem neuen Zeit- und Geschichtsverständnis, wie es durch den besonders durch Leibniz vertretenen Evolutionismus bestimmt wurde. Die Welt war, besonders dann seit Kant und Laplace, nicht mehr in dem Sinn Gottes »Raum« wie zuvor; und die Weltgeschichte war nicht mehr einfach die Geschichte von Gottes Gerichts- und Heilshandeln, bestimmt durch innerzeitliche Akte der Drohung und Verheißung und gerichtet auf den Anbruch einer bevorstehenden Endzeit hin. Damit schon war im Grund der traditionellen Wundertheologie die Basis entzogen. Zugleich zerbrach auch das gängige Schema der Schulmetaphysik, das bestimmt war durch die gleichsam zweigeschossige Sphäre von Erst- und Zweitursachen. Der Kausalnexus wurde nun weithin, wie in der von Scholastik und protestantischer Orthodoxie bekämpften stoischen Auffassung

schon, wieder als immanent vollkommen geschlossener Gesamtzusammenhang empfunden, besonders unterm Einfluß des Spinozismus (Goethes Ananke, s. Urworte orphisch); und wo sich unter Kants Einfluß die idealistische Freiheitslehre durchsetzte (bes. bei Schiller), handelte es sich nicht mehr um das frühere Verständnis von »Kontingenz« (s. o. Melanchthon), sondern um die »intelligible Welt«, die nicht mehr der wunderhaften Einbrüche in die Welt der Erscheinungen bedurfte, sondern, von dieser geradezu »gnostisch« geschieden (so Hamanns Tadel in seiner »Metakritik« an der Kritik der reinen Vernunft), ihren Ort lediglich in der Moralität hatte.
Alle diese Vorstellungen waren, wenn auch noch nicht ausgeformt, doch schon im Entstehen begriffen, als *Lessing* gegen die Orthodoxie Sturm zu laufen begann. Im Fragmentenstreit bezieht er bereits mit dem »Vierten Beytrag« (1777) eindeutig Position in der Wunderfrage[46]; im selben Jahr erscheint auch seine für die weitere Entwicklung wichtigste, weil knappste und präziseste Äußerung in der an des Origenes »Contra Celsum« anknüpfenden Schrift »Über den Beweis des Geistes und der Kraft«[47].
Trotz aller Eindeutigkeit in seiner Grundeinstellung konzediert Lessing mit verstecktem Vorbehalt, daß es zu des Origenes Zeiten noch Wunder gegeben haben möge; dennoch läßt sich darauf kein zwingender Schluß gründen. Weit wichtiger ist ihm der Grundsatz historischer und existenzieller Evidenz. Deshalb ist für ihn die Lage so, »daß dieser Beweis des Geistes und der Kraft itzt weder Geist noch Kraft mehr hat, sondern zu menschlichen Zeugnissen von Geist und Kraft herabgesunken ist« (308).
Historische Wahrheiten sind eine Klasse für sich; aber von hier aus in eine »ganz andere Klasse von Wahrheiten herüberzuspringen« und, mag es mit den historischen Wahrheiten auch immer seine historische, aber eben nur historische Richtigkeit haben, auch die »metaphysischen und moralischen Begriffe« nach ihnen sich ausrichten zu lassen (311 f.), das wäre ein schwerer Denkfehler. Genau hier liegt für Lessing der »garstige breite Graben« (311), über den er nicht kommen kann. Hier schon begegnet uns jene Zweiteilung, die dann bei Kant als Dualität von empirischer und intelligibler Welt eine fundamentale Bedeutung gewinnen sollte. Geschichtlichen Wahrheiten wohnt eine mindere Evidenz inne als zeitlosen Vernunftwahrheiten: Immer noch ist also der Glaube an eine Art höherer Wirklichkeit unerschüttert. Es sieht so aus, als habe sich die aufklärerische Kritik an historisch offenbarten Wahrheiten überhaupt nur deshalb durchsetzen können, jedenfalls bei den tieferlotenden Geistern, weil sich ihnen das Reich der Vernunft im Grund als das vom empirischen Zweifel nicht angreifbare ewige Gottesreich erwies. Offenbarung also auf jeden Fall; nur eben keine geschichtliche mehr, denn

46. *G. E. Lessing:* Werke 1–7, Darmstadt 1976, Bd. 7, S. 398–426.
47. *G. E. Lessing:* Werke I–III, hg. von *K. Wölfel,* Frankfurt 1967, Bd. 3, S. 307–312.

diese hatte sich als fragwürdig erwiesen, wohl aber Offenbarung durch die Vernunft.

Die idealistische Dualität von Erscheinungswelt hier, intelligibler Welt da, ermöglicht also die grundsätzliche Kritik an jeder historischen Überlieferung, und damit auch und vor allem am herkömmlichen Begriff des *Wunders.* Eben das Wunder war es, welches schon im Fragmentenstreit, und dann noch für lange Zeit in der jetzt in voller Schärfe ausgebrochenen Dauerkontroverse zwischen Liberalen und Orthodoxen, von den Letzteren als apologetische Hauptwaffe ins Feld geführt wurde; in der Wunderfrage spitzte sich jene Streitfrage am stärksten zu, in mancher Hinsicht (Fundamentalismus) noch bis heute nachwirkend.

Freilich war die genannte Auffassung von der Dualität der beiden Welten, wie sie von Lessing und Kant vertreten wurde, auf die Dauer nicht durchzuhalten, und zwar vor allem deswegen, weil sich das historische Denken mit seiner grundsätzlichen Kritik am Geschichtlichen auch allem Ungeschichtlichen gegenüber als übermächtig erweisen sollte. Es ist einer der markantesten Züge der Geistesgeschichte seit dem ausgehenden achtzehnten Jahrhundert, daß das historische Denken sich Zug um Zug *jeder* bislang für uneinnehmbar gehaltenen Bastion bemächtigte. Angesichts dieser sich schon früh abzeichnenden Entwicklung boten sich dem Denken grundsätzlich nurmehr zwei Wege an. Der eine führte in eine immer radikalere Skepsis hinein: Alles Geschichtliche war fragwürdig, also gab es grundsätzlich nichts, was nicht fragwürdig wäre. Die äußerste Konsequenz dieser Denkrichtung, der absolute Nihilismus, konnte freilich von keinem Ernstzunehmenden wirklich gezogen werden, auch von Nietzsche nicht. Die andere Route jedoch, über zahlreiche Gabelungen freilich sich in ein breites Wegenetz mit schließlich ganz verschiedenen Richtungen auflösend, war jedenfalls in ihrem Beginn eindeutig bestimmt durch die entschlossene Hineinnahme des als ewig gültig Bejahten (früher des »Metaphysischen«) ins Geschichtliche. Von hier aus konnte es grundsätzlich in alle Spielarten des Positivismus hineingehen, wie auch in einen evolutionistischen Biologismus, und andererseits in den ökonomischen Materialismus; doch auch bewußt das Religiöse bejahende, ja, in jeweils eigener Richtungstendenz sogar entschieden christlich bestimmte Denkrichtungen waren, im Anfang jedenfalls, auf diesem Weg zu finden (Romantiker; Hegel und seine theologischen Nachfolger; Schelling). Auf diesem letztgenannten Weg war, in seiner Weise, auch schon vorangegangen der große Kritiker Lessings und Kants, J. G. Hamann, der immer hervorgehoben hatte, daß Gottes Offenbarung voll und ganz geschichtlich sei, folglich Vernunft als Sprache und deshalb als Akt, als Ereignis angesehen werden müsse[48]. Auf

48. So vor allem in seiner »Metakritik« u. in »Golgatha und Scheblimini«, Sämtl. Werke, hg. von *J. Nadler,* Wien 1951, Bd. 3, S. 281–289 u. S. 291–320.

Hamanns Beispiel muß besonders deshalb in unserem Zusammenhang verwiesen werden, weil hier die Tür für ein neues und zukunftsträchtiges christliches Denken aufgetan wurde, auch hinsichtlich der Frage des Wunders.

In seiner Spätschrift »Die Erziehung des Menschengeschlechts« (1780) äußert sich Lessing aufs Ganze etwas positiver als früher zu den alten Wunderberichten, indem er ihnen immerhin einräumt, entscheidend die jeweiligen Erziehungsstufen eingeleitet zu haben (§§ 12, 58f.); damit geht er sogar, wohl ohne es zu wissen, konform mit den eben geschilderten reformatorischen Auffassungen, doch hält er auch hier noch an der im Fragmentenstreit vertretenen Position grundsätzlich fest. Wichtiger aber ist, daß Lessing hier, wenigstens ansatzweise, schon den Hegelschen Evolutionismus vorwegnimmt; die Vernunft offenbart sich ganz und gar geschichtlich. In »Nathan der Weise« (1779)[49] findet sich dann noch ein weiterer Gedanke, der unmittelbar für die künftige Erörterung der Wunderproblematik, besonders beim frühen Schleiermacher, bedeutsam werden sollte: Es ist die, auch schon von den Reformatoren, besonders Luther, vertretene Auffassung, daß im Grund alles voller Wunder, daß alles eigentlich wunderbar sei. »Der Wunder höchstes ist, Daß uns die wahren echten Wunder so Alltäglich werden können ...« (475). Bei Lessing koinzidieren also, und das in einzigartig durchschlagender Weise, die aufklärerische Kritik an der alten Wundertheologie, wie auch die Wegweisung für eine neue Auffassung.

Der frühe *Schleiermacher* hat besonders in der zweiten seiner Reden »Über die Religion« eben diesen letztgenannten Gedanken zum eigentlichen Schlüssel des gesamten Wunderproblems gemacht, wobei es offenbleiben kann, wieweit er sich hierbei an Lessing oder gar an die Reformatoren angeschlossen hat[50]. Religion und Wunder sind im Grund eines: »Alle Begebenheiten in der Welt als Handlungen eines Gottes vorstellen, das ist Religion, es drückt ihre Beziehung auf ein unendliches Ganzes aus« (57); das ist die zulängliche Begründung für die entscheidende und von Schleiermacher ganz universal gemeinte These: »Wunder ist nur der religiöse Name für Begebenheit, jede, auch die allernatürlichste und gewöhnlichste, sobald sie sich dazu eignet, daß die religiöse Ansicht von ihr die herrschende sein kann, ist ein Wunder. Mir ist alles Wunder, und in Eurem Sinn ist mir nur das ein Wunder, nämlich etwas Unerklärliches und Fremdes, was keines ist in meinem. Je religiöser ihr wäret, desto mehr Wunder würdet ihr überall sehen, und jedes Streiten hin und her über einzelne Begebenheiten, ob sie so zu heißen verdienen, gibt mir nur den schmerzhaften Eindruck wie arm und dürftig der religiöse Sinn der Streitenden ist« (118). Der Wunderbegriff ist deshalb als ein

49. *G. E. Lessing:* Werke I–III, hg. von *K. Wölfel,* Frankfurt 1967, Bd. 1, S. 467–594.
50. *Friedrich Schleiermacher:* Über die Religion. Reden an die Gebildeten unter ihren Verächtern, 1799, jetzt Hamburg 1958 (hier Seitenzahlen nach der 1. Aufl.).

universaler zu betrachten, weil der eigentliche religiöse Gegenstand, der Sinngrund und das Sinnziel der Religion, eben das *»Universum«* ist und bleibt.

Etwas behutsamer und mehr differenzierend geht der spätere Schleiermacher mit dem Wunderbegriff dann in der Glaubenslehre[51] um, wo er sich mit dem traditionellen Wunderverständnis eingehender einzulassen genötigt sieht. Der von Lessing noch gebilligte Gedanke, daß es wenigstens für die Anfangszeit des Glaubens besonderer göttlicher Wundertaten bedurft habe, findet Schleiermachers Zustimmung nicht mehr. »Hätten also die Wunder den Zweck gehabt, den Glauben zu bewirken, so hätte Gott die Ordnung der Natur auf eine unwirksame Weise unterbrochen« (1, 101). Es verhält sich mit den Wundern Jesu, die Schleiermacher keineswegs historisch bestreiten will, vielmehr umgekehrt: Wo das fromme Selbstbewußtsein sich so einzigartig und durchschlagend manifestiert wie in der Erscheinung des historischen Jesus, da beweist es auch die Kraft, »auf die leibliche Seite der menschlichen Natur und auf die äußere Natur zu wirken«; und das heißt andererseits, »es ist natürlich, von demjenigen, der die höchste göttliche Offenbarung ist, auch Wunder zu erwarten« (1, 102). Gerade in diesen Sätzen finden wir mit besonderer Deutlichkeit den Grundzug von Schleiermachers Theologie hinsichtlich des Wunderproblems ausgedrückt; das Wunder wird weder historisch noch naturalistisch noch psychologisch wegerklärt, wie dies im frühen theologischen Rationalismus der Fall war, es wird also nicht eliminiert, sondern universalisiert. Aber es wird zugleich in einem solchen Maß vergeschichtlicht, daß es sich völlig mit historischen, naturhaften und psychologischen Vorgängen deckt, ohne Rest. Und doch ist und bleibt das Wunder. Das muß festgehalten werden gegenüber dem gängigen Vorwurf, Schleiermacher habe die Theologie psychologisiert.

Dennoch stellt sich hier auch für Schleiermacher die Frage, ob der Wunderbegriff, wenn er nun doch von der Tradition her so stark auf das Übernatürliche festgelegt ist, überhaupt noch festgehalten werden könne oder gar müsse. Eine aufschlußreiche Stelle in der dritten Rede (Reden 146f.) zeigt, wie der frühe Schleiermacher das »Übernatürliche« gerade nicht außerhalb, sondern gleichsam innerhalb des Natürlichen ansiedelt: hier polemisiert er deutlich gegen jene »Usurpationen der Metaphysik« in der Theologie, welche zu diesem quantitativen Dualismus geführt haben; andererseits stellt er tadelnd fest, daß zu seiner Zeit »alles übernatürliche und wunderbare ... proskribiert« sei. Das heißt mit anderen Worten, daß er in den Reden die Grundauffassung vertritt, das Woher des Übernatürlichen und Wunderbaren und im Grund jeder Offenbarung sei nicht durch die Kategorie des Außen sachgemäß zu be-

51. *Friedrich Schleiermacher:* Der christliche Glaube, Bd. 1, 7. Aufl., Berlin 1960 (hier Seitenzahlen nach der 2. Aufl.).

schreiben, es habe vielmehr seinen Ort *innerhalb* des Natürlichen, ohne damit seinen Wundercharakter einzubüßen. Ein neues Verständnis von Transzendenz bahnt sich hier an, welches des räumlichen Vorstellungsrahmens nicht mehr bedarf. Dies wird dann noch stärker betont im § 13 der Glaubenslehre (Glaubenslehre 1,88), wo es heißt, die Erscheinung des Erlösers in der Geschichte sei als göttliche Offenbarung weder »etwas schlechthin Übernatürliches noch etwas schlechthin Übervernünftiges«. Und doch vertritt Schleiermacher in der Glaubenslehre immer noch den Grundgedanken der Reden, daß Religion auf Offenbarung beruhe und nicht (gegen Hegel, wie er ihn sieht) in die sozusagen »natürliche« Evolution des Geistes aufgelöst werden dürfe; und gerade und ausschließlich hierin liegt das Besondere und Zukunftsweisende der Theologie Schleiermachers, die letztlich nicht in »natürlicher Theologie« oder Philosophie aufgeht. Das Wunder ist nicht an den Rand zu drücken, seine Universalisierung muß ernstgenommen werden; mit dem Wunderhaften steht und fällt das fromme Selbstbewußtsein, die Offenbarung und die Religion überhaupt. Dies begründet Schleiermacher mit zwei Erwägungen. Zum einen: Die Erkenntnis des Natürlichen ist nie fertig, sondern immer auf dem Weg, auch jede künftige Naturerkenntnis wird die Mitteilung von Überraschendem und also Wunderbarem sein. Hierin liegt keine schlechte Apologetik versteckt, welche für Gott immerzu noch ein Plätzchen als Randsiedler in den stets vorhandenen Lücken der Naturerkenntnis sucht; der klar durchgehaltene Universalismus des Wunders vindiziert vielmehr auch der strengen Naturwissenschaft die Prärogative, Wundern auf der Spur zu sein. »Auf diese Weise bleibt alles, auch das Wunderbarste, was geschieht oder geschehen ist, eine Aufgabe für die wissenschaftliche Forschung, zugleich aber, wo dasselbe seiner Abzweckung wegen oder sonstwie das fromme Gefühl aufregt, findet sich dieses durch die vorgestellte Möglichkeit einer künftigen Erkenntnis auf keine Weise beeinträchtiget« (1,264). Damit ist nun aller künftigen Theologie eine Frage gestellt, die nie wieder vergessen werden kann. Es ist die Frage, ob sie, aus Furcht vor schlechter Apologetik, sich jener legitimen Apologetik je begeben darf, welche der Welt und der weltlichen Wissenschaft den unaufhörlich neu zu begründenden Hinweis auf das Wunderhafte des gesamten Seins schuldig ist.
Zum andern: Innerhalb dieses Denkrahmens, und freilich nur innerhalb seiner, gewinnt dann auch der spezifisch christlich-theologische Grundgedanke seine Durchschlagskraft, der christologisch begründete und zentrierte Wunderbegriff. Christus ist das Wunder schlechthin. Das »*eine* Wunder der Sendung Christi hat freilich den Zweck, wiederherzustellen, was die freien Ursachen, aber in ihrem eignen Gebiet, nicht in dem des Naturmechanismus und auch nicht gegen den von Gott ursprünglich geordneten Verlauf, geändert haben« (1,258). Christus, und zwar Christus als der historische Jesus, ist also der Vollender des Wunders des Seins; denn es ist »das Reich Gottes selbst

das eigentliche durch Christum vollbrachte Wunder« (2,127). So ist Christus sowohl »der Gipfel der Wundertätigkeit« wie auch das »Ende der Wunder« (2,137f.). Dies widerspricht keineswegs dem eben erwähnten Gedanken Schleiermachers, wonach das Wunder der Natur (des »Universums«) in Permanenz erklärt wurde. Diese Äußerung hat vielmehr einen eindeutig polemischen Zug, der sich gegen bestimmte neue Wundererwartungen alter Art richtet. Wir haben Ursache, »alles von der Hand zu weisen, was sich als Wunder geltend machen will, um auf ein neues Erzeugnis im Gebiet des geistigen Lebens hinzudeuten« (2,138). Diese Sprache ist deutlich genug, um Schleiermacher nicht in kurzschlüssiger Weise mißzuverstehen.
Lessing und Schleiermacher haben, grundsätzlich gesehen, für alle Dogmatiker bis ins zwanzigste Jahrhundert hinein das theologische Thema des Wunderproblems gültig formuliert. An ihnen kommt künftig keiner vorbei, wie immer er auch das Thema zu lösen trachtet; ja auch dann nicht, wenn er dieser Denker kaum oder gar nicht ausdrücklich Erwähnung tut.

b) Elert

Das Thema Wunder spielt bei E.[52] auf den ersten Blick eine überraschend geringe Rolle. Von den biblischen Wundern spricht er so gut wie gar nicht; offensichtlich deshalb, weil diese gewiß zur exegetischen, doch eigentlich nicht zur dogmatischen Thematik gehören: »Das Dogma bezeichnet das Minimum des Sachgehalts, in dem alle öffentliche Verkündigung übereinzustimmen hat. Um ihrer Mannigfaltigkeit Raum zu lassen, bezeichnet es aber zugleich das Maximum« (37). Die Wunder gehören, nach E., zweifellos nicht zu diesem Sachgehalt.
Von den biblischen »Wundern« (in Anführungszeichen!) ist einmal die Rede im Zusammenhang mit der Lehre von der Providenz und den Erst- und Zweitursachen der alten Schulmetaphysik (272f.); doch das gehört eben in die alte Schulmetaphysik, die gewiß ihr historisches Recht hatte, deren Schema freilich »vereinfacht werden muß« (273), und zwar um der Besinnung auf den eigentlichen Grund des Glaubens willen, »also auf Gottes Gesetz und sein Evangelium« (ebd.). Hier zeigt sich E.s wesentliches dogmatisches Anliegen, demgegenüber alle Randthemen zurücktreten. An anderen Stellen ist vom Wunder nur in negativem Sinn die Rede: Man darf die Auferstehung Jesu nicht »als bloßes portentum, als Wunder, als Zeichen auffassen, dessen Bedeutung darin läge, daß hier etwas gegen die Naturgesetze geschah« (302); und beim (lutherischen) Abendmahlsverständnis geht es nicht um die »Wunderbarkeit«, sondern um die »Tatsächlichkeit« des Geschehens (383).
Wirkt hier doch Lessing nach, oder auch Schleiermacher? So sehr E. sich mit

52. *W. Elert:* Der christliche Glaube, 5. Aufl., Hamburg 1960.

diesen Denkern, teils würdigend und anerkennend, teils sich deutlich abgrenzend, auseinandersetzt, an diesen Stellen tut er es nicht. Vielleicht darf man aber dennoch von einer zur Selbstverständlichkeit gewordenen Nachwirkung reden. Immerhin findet er aber bei der Engellehre, wie wir sehen werden, keinen Grund, Schleiermacher auch nur im mindesten entgegenzukommen. In der Wunderproblematik scheint es sich jedoch anders zu verhalten, und das hat wohl seinen Grund in E.s systematischem Gesamtkonzept.
Dafür ist eine Stelle aufschlußreich (479): Das den Glauben bewirkende Evangelium macht, daß der Glaubende den Rufenden Herr über sich sein läßt, und das ist das eigentliche Wunder, »das Wunder des Existenzwandels«. Hier sehen wir das Herzstück von E.s Theologie.
So wie Schleiermacher Christus als das eigentliche Wunder in allen Wundern begriffen hatte, so begreift der Lutheraner E. den paradoxen Umschlag der Gesetzesoffenbarung in die Offenbarung des Evangeliums als das Wunder schlechthin, ohne dafür den ihm wohl abwegig erscheinenden, weil mißverständlich gewordenen Ausdruck Wunder zu gebrauchen (s. bes. 142f.).

c) Althaus

Weit ausführlicher als Elert befaßt sich A.[53] mit der Wunderproblematik. Das mutet etwas überraschend an. Der Lutheraner A. steht, anders als der Lutheraner Elert, auch im Gefolge der Schlatterschen Bibeltheologie und schließlich, ebenfalls mehr als Elert, in dem Schleiermachers, trotz aller gelegentlichen scharfen Polemik gegen diesen: in dieser Polemik wirkt sich wiederum das aus dem Luthertum resultierende Anliegen aus, das theologische Interesse an der *Leiblichkeit* energisch zu vertreten, welche A. bei dem Reformierten Schleiermacher zu wenig berücksichtigt findet.
In der Wunderfrage unterscheidet A., wohl auch im Sinn der für ihn charakteristischen Lehre von der »Uroffenbarung«, zwischen »Vorsehungswundern« und »Heilswundern«. Die letzteren sind rein christologisch bestimmt; die ersteren gehören zu den Wundern im allgemeinen Sinn, wobei es A. freilich darauf ankommt, gerade hier »in der Linie des alttestamentlichen Wundergedankens« zu bleiben (323). Allgemein gilt für A.: »Das Wunder, wie der Glaube es erfährt, ist nicht Durchbrechung des Naturzusammenhangs, sondern Erfahrung des Herrn der Natur. Der Begriff des Wunders darf also nicht gegensätzlich zu dem des Naturzusammenhangs bestimmt, er darf überhaupt nicht an dem Begriff der Natur orientiert werden.
Im Gegensatze steht er nur zu einem sich selbst absolut setzenden, als das Ganze der Wirklichkeit ausgebenden wissenschaftlichen Begriff der Natur«

53. *Paul Althaus:* Die christliche Wahrheit, 7. Aufl., Gütersloh 1972.

(323). Hierin ist deutlich die Nachwirkung Schleiermachers zu erkennen. Auch für die Heilswunder gilt das grundsätzlich: An Jesus gewinnt der Wunderbegriff »seinen engeren und strengen Sinn«, und dieser Sinn ist »die Durchbrechung des Gesetzes der Sünde (und damit des Todes), dem die ganze Menschheit verfallen ist« (439)[54].

d) Tillich

Verhältnismäßig eingehend befaßt sich auch T.[55] mit dem Wunderproblem, was sich aus der grundsätzlichen Bedeutung erklärt, die für ihn, auch in seiner späten Schaffensperiode, das Transzendenzproblem und die Vermittlung durchs Symbol hat; gerade hierin darf man eine permanente Nachwirkung seines frühen Ansatzes bei Schelling sehen, doch auch Schleiermacher ist nicht fern.

Einerseits grenzt sich T. klar und deutlich gegen das traditionelle Wunderverständnis ab, das bestimmt ist »von der falschen Nebenbedeutung eines supranaturalen Eingreifens, das die natürliche Struktur der Ereignisse zerstört« (139). Eine solche supranaturalistische Auffassung vom Wunder macht geradezu etwas Dämonisches aus ihm, sie »macht Gott zu einem Zauberer« (141).

Doch muß man in einer solchen Auffassung eine Mißdeutung echter religiöser Erfahrung sehen, für die an sich der recht verstandene Wunderbegriff geradezu konstitutiv wäre; für den mißverständlich gewordenen Wunderbegriff scheint freilich bislang noch kein wirklicher Ersatz gefunden zu sein, dennoch empfiehlt es sich, eine das Eigentliche besser umschreibende Definition zu verwenden: Dafür wählt T. in seiner Systematischen Theologie den Begriff »zeichengebendes Ereignis« (139).

Es mutet exegetisch kühn an, ist aber für T.s Grundanschauung charakteristisch, wenn er apodiktisch feststellt: »Jesus lehnt es ab, ›objektive‹ Wunder zu tun. Sie sind ein Widerspruch in sich selbst« (141). In diesem Zusammenhang erinnert T. ausdrücklich an sein Grundprinzip: »Die Vernunft empfängt die Offenbarung in Ekstase und Wunder; aber die Vernunft wird durch die Offenbarung nicht zerstört, wie auch die Offenbarung durch die Vernunft nicht entleert wird« (142). Hier ist T. eindeutig über Lessing hinausgegangen, ja sogar über Schleiermacher; der Hintergrund ist jene Auffassung von Mythos und Symbol, welche erst von Schelling in die volle philosophische Klarheit erhoben worden war[56].

---

54. Zum Heilswunder s. noch S. 425f. und S. 494f.
55. *Paul Tillich:* Systematische Theologie, Bd. I, 2. Aufl., Stuttgart 1956.
56. S. hierzu *Walter Schöpsdau:* Die Evidenz Gottes im Mythos, Diss. in M.schr., Mainz 1972.

e) Barth

Breit und ruhig fließt der Gedankenstrom in B.s Kirchlicher Dogmatik[57] dahin, ohne allzuviele Klippen, überraschende Biegungen und Gefälle; das Bild sei verstattet: Es ist daher nicht allzusehr von Belang, ob man mehr im Ober- oder Unterlauf lotet oder fährt, die Einheitlichkeit des Flußsystems ist durchgängig. Das gilt auch für all das, was B. über das Wunder zu sagen hat, und das ist, verglichen mit den bisher genannten Dogmatikern, sehr viel. Es fehlt zwar ein eigener größerer Darstellungskomplex hinsichtlich des für sein Denken doch so wesentlichen Wunderbegriffs, doch innerhalb von B.s Systematik ist das durchaus sachgemäß, denn er will nicht Metaphysik, sondern Offenbarungstheologie treiben. Das Wunder ist bei B. völlig in die theozentrische Offenbarungslehre und in die Christologie integriert, aber es bleibt hierbei als einer der wesentlichen Leitbegriffe bestehen.

Gott selbst ist Wunder; daß er so ist, wie er ist, daß er Herr, Schöpfer, Versöhner und Erlöser, daß er Vater, Sohn und Geist ist, das ist wunderhaft, und daß er das alles für den Menschen ist, das ist wiederum wunderhaft usw. (II/1,143). Offenbarung ist Wunder, und Glauben ist Wunder (221). Freilich bleibt B. nicht rein formal, wie es nach dem eben Erwähnten den Anschein haben könnte; das Wunderhafte ist durchaus das »Außerordentliche« (572), im Wunderhaften bricht eine »neue Ordnung« durch (569); im Wunder liegt das »Geheimnis« der Gnade, das Wunder ist die Offenbarung der »sonst verborgenen Herrlichkeit Gottes« (572f.). Gottes Allmacht ist eine und dieselbe, im Wunder wie auch in der regelmäßigen Gesetzlichkeit des Verlaufs der Dinge (gegen Thomas v. Aquin); daß dieser eine Allmächtige gleichermaßen Herr des Gewöhnlichen wie des Außergewöhnlichen ist, »des zum Zeichen ist Gottes Offenbarung von Wundern begleitet« (606f.). Unsere Ordnungsbegriffe sind freilich dem »göttlichen Formen und Ordnen« nicht gewachsen, doch ist das »kein Anlaß, sich aufzuregen«, und es ist ebensowenig »ein Anlaß, sich zu wundern«, wenn besonders in der Mitte der Heilsgeschichte »von Wundern die Rede ist«, wofür wiederum unsere historischen Ordnungsbegriffe nicht ausreichen (III/3, 146).

Die Wundergeschichten, die von Jesus berichtet werden, sind nicht nur »Beglaubigungen« seiner Sendung und Autorität, sondern zugleich »Erweise« seiner Macht als des Überwinders von Sünde, Übel, Tod, Teufel und Hölle (354). Die hervorragendsten »Offenbarungsereignisse« des Christusgeschehens sind Auferstehung und Himmelfahrt; und gerade weil sie »göttlicher Majestätsakt« sind, haben sie »notwendig Wundercharakter« (IV/2, 165) – so klar und eindeutig ist das.

Ausführlich geht B. in seiner Christologie unter dem Aspekt »Der königliche Mensch« auf die Handlungen Jesu ein: »Sie waren – immer zunächst allge-

57. *Karl Barth:* Die kirchliche Dogmatik, 13 Bde., Zollikon-Zürich 1932ff.

mein gesagt – Wundertaten« (IV/2, 234). Daran ändert nichts, daß Dämonenaustreibungen und Krankenheilungen, die teilweise vom Kenntnisstand der Neuzeit her als »natürlich« zu beurteilen sind, als lediglich »relativ außerordentlich« charakterisiert werden können (235). Gerade diese auch in der Umwelt vorkommenden Phänomene haben in der neutestamentlichen Überlieferung eben doch ihren einzigartigen Sinn, sie sind »außerordentliche, ›supranaturale‹ Handlungen« (237). Und gerade darin sind sie letztlich doch »absolute Wunder« (238).
Dafür gibt es deutliche Symptome. Die Wunder Jesu sind aus der Situation heraus erfolgt und entsprangen nicht der spontanen Initiative des irdischen Menschen Jesus; sie vollzogen sich ohne therapeutische Technik; sie geschahen nicht zu seinen eigenen Gunsten; sie sind nicht Versuche von Weltverbesserung und organisierter Menschenbeglückung; sie wurden getan, um den Menschen zum Glauben aufzurufen (239ff.). Sie werfen ein neues Licht in die menschliche Situation (244). Sie sind, »gerade in ihren anstößigsten Gestalten: in den Totenerweckungen und in den Dämonenaustreibungen ausgesprochene Kampfhandlungen« im Dienst Gottes und seines hereinbrechenden Reichs (257).
Das mag für das Grundsätzliche genügen. Man könnte fragen, ob B.s Wundertheologie nicht allzu problemlos entworfen ist, ob es denn angehe, aufs Ganze gesehen den Anstoß Lessings und Schleiermachers einfach weithin zu ignorieren. Damit würde man freilich dem Kenner dieser Denker[58] zu wenig gerecht. Dennoch erstaunt es, in unserem Jahrhundert das Wunderproblem in solch kühn repristinierender Weise angefaßt zu sehen. Doch muß bedacht werden, daß B. sich bewußt und kenntnisreich an Calvin anschließt, bei dem wir Ansätze gefunden haben, die manches von der künftigen Problematik schon vorweggenommen haben. Vielleicht darf man so interpolieren: B. hat eben diese Linie weiter ausgezogen und sie, wie er es für richtig befand, um die spezifisch aufklärerischen Fragestellungen mutig herumzuführen versucht.
Man könnte fragen, ob darin nicht doch eine Repristination gesehen werden müsse, vordergründig gut biblizistisch, hintergründig dennoch auf der Suche nach der »besseren Metaphysik», nämlich der christozentrisch begründeten. Das braucht nicht zur Gänze ausgeschlossen zu werden; dabei muß aber doch festgehalten werden, daß B. auch in seiner Wundertheologie in keinem Augenblick wirklich vergessen hat, im zwanzigsten Jahrhundert zu stehen. Der naheliegende Ausdruck Repristination verfängt deshalb nicht wirklich. B. hat das Problem gewiß gesehen und auf seine Weise zu berücksichtigen versucht. Calvinistische Theologie ist, trotz entsprechenden Wortlauts, im zwan-

58. S. *Karl Barth:* Die protestantische Theologie im 19. Jahrhundert, 2. Aufl., Zürich 1952.

zigsten Jahrhundert eben doch ebenso verschieden von der des sechzehnten, wie es bei der lutherischen (Elert) der Fall ist. Und eben darin liegt das Wesentliche schon.

Daß B. das zweifellos gesehen und wie immer auch zu lösen versucht hat, das wirft eine Frage auf, die nicht an B.s Wundertheologie im speziellen Sinn, sondern an seine theologische Grundkonzeption im ganzen zu richten ist. Fest steht jedoch auf alle Fälle, daß der Wunderbegriff B.s von den geistesgeschichtlichen Voraussetzungen her ein völlig anderer sein muß als der Calvins, auch bei Berücksichtigung von dessen Vorausschau, und zwar eben wegen der Kenntnis, die B. von der inzwischen erfolgten Entwicklung hat. Wunder ist bei ihm nun doch eine Kategorie geworden, die Lessings, Schleiermachers und Schellings Sichtweise in sich aufgenommen hat, allerdings ohne daß dies deutlich genug ins Bewußtsein erhoben würde.

Wir finden in B.s dogmatischer Darlegung des Wunderproblems, der breitesten und ausführlichsten unter allen hier betrachteten, einerseits die Zentrierung des Wunderbegriffs auf die Christologie und Trinitätslehre: dies fand sich auch schon bei den Reformatoren, wie dann wieder bei Schleiermacher; wir fanden hier wie dort die Ausweitung aufs Universelle, dabei eine klare Unterscheidung von Vorsehungs- und Heilswundern. Wir finden bei B. wie bei Calvin das bewußte Absehen von metaphysischen Erörterungen des Transzendenzproblems, dabei das klare Festhalten sowohl an der objektiven Eigenständigkeit, wie an der subjektiv bedeutsamen, aufs Existenzielle zielenden Eigentümlichkeit der Offenbarungswunder. Nur eines finden wir bei B. in der Kirchlichen Dogmatik sowenig wie bei Calvin: den historischen Zweifel und überhaupt ein Eingehen auf die historistische Skepsis. Bei Calvin erstaunt uns das nicht, wohl aber bei einem Theologen des zwanzigsten Jahrhunderts, zumal einem, dessen Denken im Ansatz entscheidend bestimmt war durch das eine dominierende Anliegen, nämlich eben diese Skepsis zu überwinden[59]. Ob man sie dadurch überwindet, daß man überhaupt nicht auf sie eingeht? Das ist die Grundfrage, die sich immer wieder gegenüber B.s Theologie erhebt und sicher auch künftig erheben wird.

f) Weber

Bei W.[60] finden sich alle wesentlichen Grundzüge wieder, die wir schon bei Barth beobachten konnten, in einem freilich etwas schlichteren, lehrhafter anmutenden Stil vorgetragen. Der Unterschied zwischen W.s und Barths Werk läßt sich vielleicht charakterisieren als Unterschied zwischen dogmati-

59. So hat es überzeugend *Friedrich Gogarten* dargestellt in: Gericht oder Skepsis. Eine Streitschrift gegen Karl Barth, Jena 1937.

60. *Otto Weber:* Grundlagen der Dogmatik, 2 Bde., 2. Aufl., Neukirchen 1959.

schem Lehrbuch und theologischer Homilie auf (unausgesprochener, aber durchaus eigenständiger) ontologischer Basis.

Das Wunder ist, nach W., im Verständnis der Bibel eine der Grundformen »menschlichen Innewerdens Gottes«; alle diese Formen, zu denen auch Vision, Audition, Theophanie und Traum gehören, sind inhaltlich entscheidend bestimmt als Medien der göttlichen Anrede an den Menschen (1, 195). Wunder ist zu unterscheiden vom bloßen Mirakel (was an Bultmann erinnert); im Unterschied zu einer mirakulösen Verbalinspiration ist z. B. das eigentliche Wunder der Theopneustie jenes, »das sich je und je im Hören der Schrift ereignet hat und aus dem die Gemeinde lebt« (1,272). Gott selbst »ist Liebe im Wunder«; weil er freie Liebe ist, muß Gottes Wesen als »wunderbar« beschrieben werden (1, 450). Gott ist als das schlechthinnige Wunder auch das Selbstverständliche; in der Schöpfungslehre verhält es sich daher wiederum so, daß nicht Gott das zu Begründende ist, sondern Himmel und Erde: »Daß aber die Welt ›ist‹, das ist Wunder. Sie ›ist‹, weil Gott ihr das Sein, das Dasein und Sosein gönnt« (1,544) – die ontologischen Begriffe werden hier also mit Unbefangenheit personalisiert.

An der klassischen Christologie beanstandet W., daß sie im Grund geschichtslos ist, weil sie den absoluten Gott zu sehr aus der Geschichtlichkeit heraushebe und ihm damit den Wundercharakter abspreche; Gottes Sein aber ist gerade in seiner Geschichtlichkeit Wunder, und Wunder ist »die Gott allein eigene Weise, uns zu begegnen« (2,33).

Die Wunder Jesu beweisen als Geschehen in dieser Welt an sich nichts. Dies ist auch für Barth selbstverständlich, und hier kommt nun bei W., deutlicher allerdings als bei Barth, klar zum Ausdruck, daß Lessing auch in der dialektischen Theologie nicht wirkungslos geblieben ist. Jesu Wunder haben »Bedeutung von ihm her, aber nicht zu ihm hin« (2,50). Mit solch schillernden Ausdrücken wie »von ihm her, aber nicht zu ihm hin« wird hier, wie bei Barth, das bewirkt, was man als ein unbewußtes Herumführen um die aufklärerische Fragestellung bezeichnen könnte.

Auch in der Pneumatologie hat das Wunder seinen Ort: Der Glaube lebt aus dem Empfangen, und er ist es, der die im äußeren Wunder (Heilung) geschehene Hilfe empfängt (2,262). Auch die Prädestinationslehre ist Ort des Wunders: Wunder ist, daß Christus dem auserwählten Volk gehört; »daß er auch den Heiden gegeben ist, das ist das größere Wunder« (2,538). Und noch einmal wird scharf geschieden zwischen Wunder und Mirakel: Unser Bekenntnis zum Herrn ist kein Mirakel, welches letztlich doch »koordinabel« wäre, es ist ebendarin, daß wir in ihm kraft der Wirkung des Geistes »Andere« werden, wiederum wunderhaft (2,551). Wobei zu fragen wäre, ob solche innerhalb des christlichen Regelkreises angesiedelten Definitionen wirklich ziehen, oder ob sie als bloß analytische Urteile lediglich das bestätigen, was der Leser ohnehin akzeptiert. Aber damit stehen wir schon wieder vor der Frage nach der theologischen Grundkonzeption. Wenn Theologie keine esoterische Geheimlehre sein soll, dann werden die Probleme, die sich aus der Wunderfrage ergeben, in einem weiteren Horizont angegangen werden müssen.

II. Segen (und Fluch)

a) Elert

E. behandelt Segen und Fluch nicht. In der Abendmahlslehre werden die »Spendeworte« (§ 63) historisch analysiert, doch werden sie, auch im dogmatischen Zusammenhang (§ 66), nicht vom alttestamentlichen Segensbegriff her erläutert: denn »es war das letzte Passah-Essen, das in Übereinstimmung mit Gottes Willen stattgefunden hat« (!)[61]. Von dieser vielleicht auf den ersten Augenschein dogmatisch korrekt erscheinenden, in Wahrheit jedoch heute unhaltbar gewordenen Prämisse aus erklärt sich ohne weiteres E.s Verzicht auf Auseinandersetzung mit dem liturgischen (konsekrativen) Segensbegriff. – Es fällt freilich auf, daß der Lutheraner E. auch in seiner Versöhnungslehre nicht näher auf Segen und Fluch eingeht, Gal 3,10ff. bleibt einfach unberücksichtigt. Die Segen-Fluch-Thematik ist für E. obsolet geworden.

b) Althaus

Bei A. wird im Zusammenhang mit der Abendmahlslehre die Konsekration historisch näher erläutert[62], sie ist »Weihung«, in ihr wirkt die »Segnung Christi« nach. Auch bei A. fehlt freilich der Rekurs auf Gal 3,10, die christologische Bedeutung von Segen und Fluch wird nicht weiter erörtert[63]. Auf Segen und Fluch im allgemeinen Sinn geht auch A. nicht weiter ein.

c) Tillich

T. spricht vom Segen nicht, vom Fluch nur im Zusammenhang mehrerer Interpretationen der Sündenfallgeschichte[64], und hier lediglich als einem histori-

61. *W. Elert:* Der christliche Glaube, a.a.O. S. 366.
62. *P. Althaus:* Die christliche Wahrheit, a.a.O. § 60.
63. Gal 3,13 wird nur unter dem Aspekt von Strafe und Recht behandelt, S. 463.
64. *P. Tillich:* ST I, 300; II, 44, 47ff.; III, 69.

schen Mythologem. Allgemein ließe sich sagen, daß der Begriff des Segens bei T. in jener ontologischen Kategorie aufgegangen ist, die er als das »neue Sein« bezeichnet, der des Fluchs in der der »Entfremdung«.

d) Weber und Barth

Auch W. behandelt die Segen-Fluch-Thematik nicht näher. – B. äußert sich i. a. nur knapp, lediglich an einer Stelle zu diesem Thema[65] etwas eingehender, aber doch, erinnert man sich an Calvin, verhältnismäßig zurückhaltend. Das liturgische Element fehlt auch hier, was in reformierter Theologie verständlich ist; der allgemeine Begriff des Segens kommt jedoch, wenn auch kurz, zur Sprache, wobei ein historischer Seitenblick (unter Heranziehung von Kittels ThWB) nicht fehlt. Segen wird von Gott her auch zu einem menschlichen Vermögen, sein Woher ist Gott. B. kommt es in seiner theozentrischen und christozentrischen Theologie bei der Segen-Fluch-Thematik offensichtlich vor allem darauf an, diesen Ursprung und dieses Wesensmerkmal herauszustellen. Auch vom Fluch in christologischem Aspekt (Gal 3,10ff.) handelt B. nur an wenigen Stellen und da allgemein und formal[66].

III. Engel (auch Dämonen)

a) Allgemeines

Es ist erstaunlich, daß bei unseren modernen Dogmatikern die Engellehre wieder zu stärkerer Bedeutung und höherem Rang gelangt ist, als nach der Aufklärung und nach Schleiermacher, wie auch wiederum nach der Konzentrationsbewegung aufs Christologische hin seit dem Beginn der dialektischen Theologie, eigentlich zu erwarten war. Es hat den Anschein, als zeige sich an und in der Engellehre doch mehr, als man diesem Lehrstück, obenhin gesehen, zutraute.

Das neue Bild der Natur (Ende des geozentrischen, damit auch des theozentrischen und anthropozentrischen Weltbilds) wie das neue Bild der Geschichte (Ende des Verständnisses der Weltgeschichte von der Heilsgeschichte her, Entstehung des modernen Evolutionismus) hat sich natürlich

---

65. *K. Barth:* KD III/2, 705f.
66. Vgl. hierzu *K. Barth:* KD I/2, 166; III/2, 733 und IV/I, 180.

besonders stark auf die traditionelle Engelvorstellung ausgewirkt, zumal diese schon durch die Reformatoren, wenigstens ansatzweise, etwas an den Rand theologischen Denkens gedrängt war. Wie sich dies zu Beginn des neunzehnten Jahrhunderts darstellt, zeigt ein kurzer Blick auf *Schleiermachers* Glaubenslehre. Die gewohnten dogmatischen Lehrstücke werden grundsätzlich im Rahmen seines dreimal dreifach durchgespielten Schemas von dem Verhältnis zwischen Gott, Welt und frommem Selbstbewußtsein (worin sich die Kantsche Trias der regulativen Prinzipien der reinen Vernunft spiegelt) abgehandelt, stellen also nur die traditionsvermittelten Modelle dar für die jeweilige Entfaltung des Grundschemas, so im ersten Teil die §§ 36–49, die Lehrstücke von der Schöpfung und Erhaltung. In zwei Anhängen zur Schöpfungslehre wird hier von den Engeln und vom Teufel gehandelt. Von den Engeln erfährt man § 42, daß die Engelvorstellung zwar nicht widersinnig ist und auch keineswegs mit der »Grundlage alles gottgläubigen Bewußtseins in Widerspruch steht«, daß sie aber doch nicht in den »eigentlichen Kreis« der christlichen Lehre gehört, weshalb die Glaubenslehre auch nicht verpflichtet ist, etwas »über ihre Realität festzustellen«. In der Begründung verweist Schl. vor allem auf das gewandelte Bild von Welt und Natur, besonders und mehrfach auf unsere Kenntnis von der »Mehrheit der Weltkörper«. Im § 43 erfahren wir, daß die Frage nach der Existenz der Engel »auf unsre Handlungsweise keinen Einfluß haben darf«, wie auch vor allem, daß »Offenbarungen ihres Daseins jetzt nicht mehr zu erwarten sind«. Die Ethik muß sich also dieser Entwicklung anpassen, was an sich sachgemäß gedacht ist; nur daß leider dieser Entwicklungsgedanke Schl.s die Ursprünge als allzu »primitiv«, im negativen Sinn, bezeichnet: die alten Engelerscheinungen sind zu erklären aus einem urzeitlichen Geisteszustand, »als der Zusammenhang des Menschen mit der Natur noch nicht geordnet und er selbst noch nicht entwickelt war«! Für das dogmatische Gebiet ist für jetzt und künftig die Engellehre »völlig problematisch«, was bei Schl. ungefähr abwegig heißt; nur für den privaten und den liturgischen Gebrauch läßt Schl. die Angelologie zu, für letzteren deswegen, weil die Tradition von jeher »darauf Bedacht genommen« hat, daß Gott »als von reinen und unschuldigen Geistern umgeben« vorgestellt werde: von dieser liturgischen Vorstellungsform her ist natürlich die Linie zum idealen Gehalt auf dem Weg der existenzialen Interpretation leicht zu ziehen. Diese Duldsamkeit hinsichtlich der liturgischen Seite der Angelologie, typisch für den Vermittlungscharakter von Schl.s Theologie überhaupt, beläßt immerhin der Engelvorstellung in der christlichen Religion noch einen gewissen Raum[67]. Schl.s Auffassung zu unserem Gegenstand darf als die klarste, aber

67. Vom Teufel und den »bösen Geistern« spricht Schl. nur kurz (§ 45). Diese Lehre hat für ihn keinen eigentlichen Ort in der Glaubenslehre, sie gehört, wenn überhaupt, in die »Kosmologie«. Aber auch hier findet sich bei Schl. eine gewisse Duldsamkeit.

auch behutsamste Ausgestaltung jeder möglichen »Engellehre« im Rahmen einer rationalistisch-idealistischen Theologie gelten.

b) Elert, Weber, Tillich

Gesonderte angelologische Kapitel oder Abschnitte fehlen bei E., W. und T., doch wird bei keinem der genannten Dogmatiker die ontologische Realität der Engelvorstellung grundsätzlich bestritten, im Gegenteil, sie wird selbst bei T. stärker betont als bei dem hierin so zurückhaltenden Schleiermacher. Der Grund des Fehlens eigenständiger Abschnitte liegt durchgehend darin, daß die Engellehre bei diesen Theologen jeweils in einem bestimmten Grundzug der von ihnen vertretenen theologischen Gesamtstruktur aufgehoben ist. Bei E. ist es das durchgängig das dogmatische Denken bestimmende Prinzip von Gesetz und Evangelium: »Für alle, die ... meinen, den Widerstreit zwischen Gott und Mensch zu einem Angriff des Schöpfers auf die geschöpfliche Welt umfälschen zu müssen, ist die dogmatische Angelologie bestimmt«[68]; im Zusammenhang damit findet sich auch ein strenger Tadel Schleiermachers wegen seiner »Flucht vor dem Mythus«. – W. bezieht die angelologische Lehre, deren Realitätscharakter grundsätzlich bejaht wird, auf die Einheit des Geschaffenen gegenüber dem Schöpfer: ist auch der Himmel der »dem Menschen vorgeordnete Bereich« im Gegensatz zur Erde, so ist doch um so größer »das Gewicht der Aussage, daß nicht bloß die Erde, sondern auch der Himmel, der ›Ort‹ Gottes, die Stätte der Engel geschaffen ist«[69]. – T.s Position scheint demgegenüber sehr stark der liberalistischen Auffassung angenähert zu sein. Doch ist hier zu erinnern an die grundsätzliche Bedeutung, welche im Tillichschen System das Symbolische und Archetypische hat; es handelt sich, wenn T. von »mythischen Ausdrücken« und »mythologischen Namen«[70] oder »konkret-poetischen Symbolen der Ideen oder Seinsmächte« (I,300) spricht, eben nicht bloß um allegoristische Chiffren für Projektionen im Feu-

---

und zwar wiederum hinsichtlich der Liturgie: da die liturgische Sprache sich »der symbolischen Autorität nähert«, wäre es unzweckmäßig und »nicht leicht zu verantworten, wenn jemand aus unserm christlichen Liederschatz die Vorstellung des Teufels verdrängen wollte«.

68. *W. Elert:* Der christliche Glaube, a.a.O. S. 259f.

69. *O. Weber:* Grundlagen der Dogmatik, Bd. I, S. 537.

70. Besondere Erwähnung verdient T.s Verständnis vom Dämonischen: dies hängt unmittelbar mit einer seiner wesentlichen Grundauffassungen zusammen, wonach die eigentliche religiöse Fehlentwicklung in der falschen Unterscheidung von Heiligem und Profanem liegt und ebenso in der daraus resultierenden neuen unsachgemäßen Vermischung. Die Zweideutigkeit der Religion liegt dann in der immer wieder sich ereignenden Vermischung von Göttlichem und Dämonischem (vgl. ST III, 120. 129).

erbachschen Sinn, sondern um ontologische, man könnte sagen um objektive Realitäten[71].

c) Althaus

Nur bei A. und Barth finden sich selbständige angelologische Abschnitte. A.[72] betont wie Tillich das Symbolische; wenngleich das alte Weltbild vergangen ist, so behalten das »Oben« und das »Unten« ihre Gültigkeit. »Himmel« ist die Wohnung Gottes und die Stätte der Engel, wobei eine hierarchische Ordnung gilt, Gottes Ort liegt »über« dem der Engel. All diese räumlichen Bestimmungen sind in Anführungszeichen gesetzt. Das ontische Element der Engellehre ist religionsgeschichtlich und religionspsychologisch (»Personifizierung göttlicher Eigenschaften und Kräfte«) erklärbar, aber gerade dies kann nach A. die dogmatische Beibehaltung der Engellehre nicht tragen; wohl aber gilt dies vom existenzialen Element: in Form von Fragen verweist A. auf die Begrenztheit des Menschengeistes, weshalb der Mensch sich nicht »als das Höchste der persönlichen Kreatur« ansehen darf, weiter wird daran erinnert, daß Gott für das »Lob durch seine Geschöpfe« nicht allein auf uns angewiesen sein kann, und schließlich erleben wir im Kampf gegen die gut geschaffenen aber widergöttlich gewordenen Mächte den Beistand durch »gottgesandte übermenschliche Kämpfer«, wobei vor allem noch der Gedanke eine Rolle spielt, daß die Wirklichkeit der Engel in der Bibel nicht nur geglaubt, sondern »als erfahrene bezeugt« wird. Damit hat A. wohl einige der gewichtigsten dogmatischen Begründungen für eine unserer Zeit entsprechende Ausgestaltung der Engel- (und Dämonen-)lehre formuliert: das existenziale Element begründet nun also das ontische, aber es begründet dies so, daß Ontologie auch Ontologie bleibt; es begründet sie also methodisch lediglich kognitiv, ohne in objektivistische Metaphysik auszuweichen; aber es weist zugleich unübersehbar auf den in sich nicht in Frage stehenden, im legitimen Sinn »objektiv« gültigen Charakter metaphysischer Wirklichkeiten, in diesem

71. Das Dämonische ist nach Tillich ein »Symbol«, das essentiell zur Religion (zu jeder!) gehört und, neben der Polarität von Heiligem und Profanem, als Kontrast zum Göttlichen, die »Zweideutigkeit« der Religion repräsentiert (ST III, 124ff.). »Der Anspruch eines Endlichen, unendlich und von göttlicher Größe zu sein, ist das Charakteristikum des Dämonischen« (125). Hierin liegt auch der Grund dafür, daß das Dämonische personhafte Züge hat, wenn auch verzerrt personhafte: denn es hängt wesenhaft zusammen mit dem »Heiligen«, und dieses wiederum ist unlöslich verbunden mit der »Idee der humanitas« (128f.). Tillichs Begriff des Dämonischen entspricht übrigens genau C. G. Jungs Begriff der »Manapersönlichkeit« (vgl. *C. G. Jung:* Ges. Werke 7, S. 249ff.).

72. *P. Althaus:* Die christliche Wahrheit, a.a.O. § 29.

Fall der Engel, hin. Eine Art von »indirekter« Metaphysik findet also hier ihre theologische Rechtfertigung. Vom Dämonischen und von den Dämonen spricht A. verhältnismäßig ausführlich im Kapitel »Der Böse« (§ 38). Dämonen sind vorwiegend »geschichtliche Geistesmächte«, z. B. der »Dämon der Macht«, wobei ausdrücklich an das zerstörerische Machtstreben des NS-Regimes erinnert wird. Dämonen sind ferner wirksam in den Kulten mancher Fremdreligionen und besonders in der antichristlichen Bewegung aller Zeiten. So zahlreich die Dämonen sind, sie gehorchen doch nur einem Willen, dem des Satans, man muß unter diesem Aspekt von ihnen im Singular sprechen. Jedenfalls sind sie erfahrbare Mächte, wobei A. sich freilich noch deutlich von »primitiver Mythologie« und auch von psychologisch erklärbaren Phänomenen abgrenzt. – Aufs Ganze gesehen spielt bei A. freilich die symbolische Wirklichkeitserfassung eine erheblich geringere Rolle als bei Tillich.

d) Barth

Strenger und enger als Althaus, dabei aber erheblich stärker von einem deutlich merkbaren Biblizismus abhängig und dazu betont antimetaphysisch, bindet B.[73] die Engellehre in die Schöpfungslehre hinein; seine Anti-Metaphysik wirkt sich aus als Ablehnung jeder ausdrücklichen Lehraussage über die ontologische Wirklichkeit der Engel. »Jeder ›angelologische Satz‹ kann also streng genommen nur ein Nachsatz oder Zusatz sein, eine Erklärung und Erläuterung zu dem, was eigentlich und wesentlich nicht von den Engeln, sondern – gerade dem dienenden Wesen und Werk der Engel durchaus entsprechend – allein von Gottes Handeln in Jesus Christus und darum von seiner Herrschaft in der Geschöpfwelt zu sagen ist« (428).
Im übrigen ist die im Rahmen der KD eigenständig dargestellte Engellehre so breit ausgeführt wie bei keinem andern Dogmatiker seiner Zeit. Charakteristisch ist die thetische Aneinanderreihung von Lehraussagen; im dogmatischen Stil offenbart sich bei B. nun doch manchmal eine uneingestandene Metaphysik. Es ist eine Metaphysik des objektivistischen Theozentrismus: Engel existieren nicht anders als in ihrer Zugehörigkeit zu Gott – eine im Grund rein analytische (nur Bekanntes erläuternde) Aussage –; und sie haben im Vergleich zu den Menschen kein definierbares Wesen (562) – eine B.s Biblizismus dokumentierende und zugleich das uns aufgegebene Denkge-

---

73. KD III/3, § 51. – Eine berühmt gewordene Bemerkung Barths soll in diesem Zusammenhang noch erwähnt werden: Er sei sicher, daß die Engel, »wenn sie unter sich sind, Mozart spielen und daß ihnen dann doch auch der liebe Gott besonders gerne zuhört« (*K. Barth:* Wolfgang Amadeus Mozart 1756/1956, Zürich 1956, S. 13). Wolfgang Hildesheimer freilich tut diese sicher aus dem Herzen gesprochene Bemerkung Barths mit reichlich kühler Überlegenheit ab (*W. Hildesheimer:* Mozart, Frankfurt/M. 1977, S. 20).

schick einer »indirekten Metaphysik« entschieden preisgebende Aussage. Bekräftigt wird diese Grundtendenz durch den historischen Rekurs auf den Areopagiten und auf Thomas, bei welchem Vergleich B., der vielleicht überhaupt als Krypto-Neuplatoniker angesehen werden darf, eindeutig der dynamischen Hierarchienlehre des Dionysios gegenüber dem thomistisch-aristotelischen Fragen nach der Substanz, der Subsistenzweise der Engel, den Vorzug gibt (bes. 445ff., 452ff.). B. zeigt auch hier, wie so oft, daß er kein Barthianer ist, vielmehr ein Mensch mit seinem Widerspruch; seine Engellehre hätte an sich erheblich knapper ausfallen dürfen – von seinem Ansatz her; aber sie bezeugt doch eben in ihrer Ausführlichkeit, wider Willen und Absicht eigentlich, die grundsätzliche Relevanz der Engellehre für die Dogmatik einer ausgeformten monotheistischen Hochreligion.

In einem Anhang zu seiner Engellehre spricht, in einem berühmt gewordenen Traktat, B. auch noch von den Dämonen (III/3, 608ff.). Er will nur einen »kurzen, scharfen Blick« (609) auf sie werfen: »Ich liebe die Engel, ich mag aber die Dämonen und die Dämonologie nicht« (VI). Dennoch müssen sie ernst genommen werden. Das Ernstnehmen geht aber nicht so weit, daß B. etwa auch die religionsgeschichtlichen Erkenntnisse ernstnähme, wonach Engel- und Dämonenvorstellungen geistesgeschichtlich gesehen eine gemeinsame Wurzel haben. »Der angelische und der dämonische Bereich gehören ihrer Herkunft und Art nach gerade *nicht* zusammen« (609). Das mag, freilich nur in dogmatischer Hinsicht, für die »Art« gelten, auf keinen Fall aber für die »Herkunft«. Deshalb wird bei B. auch jene gesamte mythologische und theologische Tradition des Christentums (und schon des Judentums) entschieden verworfen, nach welcher die Dämonen gefallene Engel sind: »Ein wirklicher, ordentlicher Engel *tut das nicht*« (623). Man darf gewiß hierin B.s kaustischen Humor nicht übersehen, den er ab und an beweist; doch ist die Feststellung erlaubt, daß B. für Mythisches und Religionsgeschichtliches kein Organ hat. Die »Dämonologie« wird bei ihm schlicht in das Schema »Offenbarung = Wahrheit, Mythos = Unwahrheit« eingepaßt.

C. Grundproblematik und Gegenüberstellung

I. Wunder

Es ist hilfreich, zu Eingang der grundsätzlichen Charakteristik von reformatorischer und heutiger Auffassung der Wunderproblematik zunächst einen kurzen Blick auf die empirischen Ergebnisse der Religionswissenschaft zu werfen. Das Wunder erweist sich dabei als ein Grundphänomen der Religionsgeschichte in ihrer ganzen Tiefe und Breite.

H. v. Glasenapp unterscheidet grundsätzlich zwei Typen von heute lebendiger Hochreligion: Zum einen die östlich des Hindukusch beheimateten »Religionen des ewigen Weltgesetzes«, zum andern die westlich dieses Gebirges angesiedelten »Religionen der geschichtlichen Gottesoffenbarung«[74]. Buddhismus, Hinduismus und chinesischer Universismus gehören zur ersteren Kategorie, deren Bezeichnung nach Glasenapp nicht nur sagen will, daß nach der Auffassung dieser Religionen »die Welt ewig ist«, sondern eigentlich noch ausdrücklicher dies: Die Welt »wird von einer ihr immanenten Gesetzlichkeit beherrscht, die von selbst alles Geschehen in ihr bedingt« (8). Doch das Wunderphänomen und -problem will sich nicht in dieses sonst in mancher Hinsicht richtige Schema fügen. Träfe nämlich Glasenapps Charakterisierung der »inneren Gesetzlichkeit« in vollem Umfang zu, dann dürften Wunder bei den östlichen Religionstypen keine erhebliche Rolle gespielt haben. Das aber ist eben nicht der Fall. Gewiß kann man sagen, daß bei den östlichen Religionen die Kraft, Wunder zu wirken, im Grund auf Technik beruht (Meditation, Yoga usw.); aber faktisch gelten im Osten die überaus zahlreichen von großen Religiösen überlieferten Wunder ebenso wie im Westen als exorbitante Mirakel, die Staunen erwecken; und an »Technischem« (z. B. Fasten, Speichelauftragen, Anrühren) fehlt es ja auch im Westen keineswegs. Schon die frühen buddhistischen Texte wie auch die entsprechenden ikonographischen Darstellungen verwenden das Wundermotiv zur Beglaubigung der Vollmacht des Buddha in überwältigender Fülle; vom Vishnuismus und Shivaismus gilt das gleiche; auch der Taoismus hat sich schon in ältesten Zeiten schamanistischer Zauberpraktiken bedient[75], und diese sind schließlich zu seinem wesentlichen Charakteristikum geworden.

Es herrscht bei den östlichen Religionen eben nicht nur *eine* Gesetzlichkeit, sondern es gelten deren zwei. Es geht also dort wie im Westen um zwei Sphären, die durch eine Transzendenzschwelle getrennt sind, welche nur die religiöse Praxis zu überwinden vermag. Bildlich könnte man, hier wie dort,

74. *Helmuth von Glasenapp:* Die fünf Weltreligionen, Gütersloh o. J., S. 8.f.

75. Vorformen stellen sich im sog. »Wuismus« dar; s. *Werner Eichhorn:* Die Religionen Chinas, Stuttgart 1973, S. 25ff.

durchaus von »zwei Welten« sprechen. Für das alttestamentliche Bild dieser beiden »Welten« bietet ein eindrucksvolles Beispiel die Erzählung 2Kön 6,8–23; im Buddhismus handelt es sich um die ihrem eigenen Kausalnexus unterworfene Welt der Skandhas (Daseinsfaktoren) einerseits, und die der Bodhi (Erleuchtung) andererseits: die Bodhi aber wartet verborgen und dennoch gleichsam zudringlich auf zahllose Gelegenheiten zum Einbrechen ins Diesseits.

Es liegt also an der Religion überhaupt und keineswegs nur etwa an der im Westen betonten Personhaftigkeit der Gottperson, daß sich Wunder ereignen können. Religion läßt sich von daher als Sphäre der wunderhaften Vermittlung zwischen Transzendenz und Immanenz definieren[76]. Es geht hier um zwei »Welten« oder auch »Sphären«, von denen die transzendente im Wunder überraschend in die immanente einbricht; aber diese »Welten« sind nicht einfach statisch neben- oder übereinander gelagert, wie der räumliche Begriff »Welt« oder »Sphäre« nahezulegen scheint. Daher empfiehlt es sich, für unseren Zweck einen hinsichtlich des Statisch-Räumlichen weniger vorbelasteten Begriff zu verwenden: es soll der Begriff der *Dimension* sein[77].

Dimensionen stehen nicht über- oder nebeneinander, sie sind ineinandergefügt. Wenn sich eine neue Dimension erkennbar macht, etwa im plötzlichen Plastischwerden eines bislang flächig gesehenen Bildes beim Blick durchs Stereoskop, so ändert sich an den Dingen selbst nichts, es kommt auch kein Ding hinzu; es wird lediglich eine Wirklichkeit erkannt, die allenthalben schon da war, aber nur verborgen. Und dies trifft gerade für den allgemeineren Begriff des Wunders zu, wie wir ihn schon kennengelernt haben. Wunder ist gewiß in mancher Hinsicht ein »Hereinbrechen« von »Übernatürlichem«, also etwas auch durch räumliche Ausdrücke zu Veranschaulichendes, aber das gilt doch nur für einen begrenzten Teil des religiösen Seinsverständnisses; allgemeiner gesehen handelt es sich beim Wunder um das überraschende Erkennbarwerden einer Wirklichkeit, besonders einer Kraft, die vorher nicht erkennbar gewesen war, nun aber als auch zuvor schon vorhanden erkannt wird. Daß dies auch für das altbiblische Denken zutrifft, zeigt das schon erwähnte Beispiel 2 Kön 6, wo dem Diener lediglich die Augen aufgetan werden und er nunmehr erkennt, was in diesem einen Raum, in dem er sich schon immer befand, in Wirklichkeit anwesend war und auf wunderbare Enthüllung wartete. In ähnlicher Weise kann man auch die neutestamentlichen Wunder definieren. Sie sind »eschatologische« Wunder, das will vor allem sagen, in

---

76. Anknüpfend an meine Definition in: Einführung in die Religionsphilosophie, Darmstadt 1970, S. 74.

77. Näheres zu diesem von Karl Heim in die systematische Theologie eingeführten Begriff (*K. Heim:* Glaube und Denken, 1931) in meinem Buch: Die Religion in den Religionen, Stuttgart 1975, S. 38ff.

ihnen wird das schon im Anbruch befindliche und also verborgen bereits im Diesseits vorhandene Gottesreich voll offenbar. Worte wie »Hereinbruch« u. ä. treffen als zu räumlich bestimmt den wirklichen Sachverhalt freilich nicht genau genug. Die Dimension erweist sich damit wieder als die eigentliche, sachgemäße und allgemeine Kategorie für das religiöse Phänomen des Wunders. Es widerspricht nun keineswegs der Personhaftigkeit Gottes in den westlichen Hochreligionen, das Wunder grundsätzlich im geschilderten Sinn von den beiden Dimensionen der Transzendenz und der Immanenz her zu begreifen.

Allerdings hat sich dann mit der Ausbreitung der Alten Kirche eine damals noch nicht in ihrer vollen Tragweite erkennbare Verschiebung der Kategorialitäten von Transzendenz und Immanenz ergeben. Dies geschah durch das mähliche Einsickern des griechischen Denkens in die theologische Begriffswelt, wie wir es dann besonders bei der Dogmenbildung von Nikaia 325 feststellen können, in voller Mächtigkeit dann von Konstantinopel 381 ab, besonders unter dem Einfluß der sogenannten jungnizänischen Theologen. Mit der Verwendung von Begriffen wie Essenz, Substanz, Subsistenz und dergleichen gewinnen ganz unvermerkt auch Begriffe wie die des Verursachens und Bewirktwerdens ihre aristotelische Kontur. Die Kausalität beherrscht nun immer völliger die geschaffene Welt; ihr aber bleibt dennoch die Sphäre des Schöpfers und alleinigen Erstverursachers eindeutig übergeordnet, und damit zieht das Schema von den zwei Welten ein, von denen die geschaffene durchgängig vom Kausalnexus der Zweitursachen beherrscht ist. Aus der Dimension ist also ein in sich abgeschlossener »Raum« geworden.

Das galt dann auch für die ältere islamische Theologie, die schon bald nach dem Tod des Muhammad mehr und mehr aristotelische Elemente in sich aufnahm. Hier im islamischen Bereich hat sich dann aber verhältnismäßig früh, vor dem Beginn der europäischen Frühscholastik bereits, eine interessante Reaktion durchgesetzt. Den Anstoß dazu gaben die Urheber der orthodoxen Dogmatik des Islam, vor allem Abul-Hasan al-Asch'ari (gest. 965) und Abul-Mansûr al-Maturîdî (gest. 944). Von ihnen ausgehend bekämpfte die nun einsetzende Orthodoxie vor allem die in der bisherigen islamischen Philosophie gängig gewordenen aristotelischen Lehren von der Ewigkeit der Welt und vom durchgängigen Kausalnexus. In der nun einsetzenden Rückbesinnung auf den prophetischen Ansatz der Gotteslehre wurde dagegen die wunderkräftige Allmacht Allahs ins Absolute gesteigert aufgefaßt, und diese Anschauung hat sich bis zur Gegenwart weithin durchgesetzt und durchgehalten. Das hatte zur Folge die bekannte Anschauung, daß es überhaupt keine Naturgesetze gebe, sondern nur Gewohnheiten Allahs: Das Wunder ist jetzt lediglich Auswirkung einer aus dem freien Willen Gottes stammenden Abweichung von seinen sonstigen Gepflogenheiten. Diese Vereinseitigung muß man aus der Situation der Reaktion gegen den übermächtig gewordenen Aristotelismus verstehen; für die Zeit der damaligen Dogmatiker kann das sogar in gewisser Hinsicht als religiöser Fortschritt bezeichnet werden, auf die Dauer aber zeitigte es auch zwei verhängnisvolle Folgen: Zum einen den sich nach den Kreuzzügen im Islam immer mehr durchsetzenden Fatalismus (mit seinem gelegentlichen Gegenteil, dem hitzigen Fanatismus, wie etwa in der Mahdi-Bewegung), zum andern die auch heute noch merkbare innere Distanziertheit gegenüber dem Funktionskomplex der Technik.

Anders in der christlich-abendländischen Scholastik des Mittelalters, die wir zu Anfang von A gewürdigt haben: das aristotelische Denken hat sich seit Thomas von Aquin weithin in der scholastischen Theologie durchgesetzt. Und, wie schon erwähnt, man wußte auch in der Wunderfrage sich mit Hilfe der aristotelischen Kategorien klar genug auszudrücken und mit ihnen zu einer dogmatisch einigermaßen haltbaren Lösung zu gelangen. Dies wurde dann freilich anders um die Wende des sechzehnten Jahrhunderts, als nämlich, insbesondere dann seit Galilei, das komplizierte aristotelische Denk-Schema von der vierfachen Ursächlichkeit[78] im allgemeinen Bewußtsein abgelöst wurde durch ein Weltgefühl, nach dem alles und jedes Geschehen durch die einfache Kausalität von Ursache und Wirkung im naturwissenschaftlichen Sinn erklärbar zu werden schien; im Zusammenhang damit kam schließlich die Religion in Raumnot, mit allen Folgen, die dies für das theologische Verständnis des Wunders haben sollte.

An manchen Stellen erwecken schon die reformatorischen Aussagen darüber, daß die Wunder ihre eigentliche Zeit in der Anfangsphase der Kirchengeschichte hatten, den Eindruck, als finde man sich sehr bereitwillig mit dieser Tatsache ab. Vergleicht man sie mit der Wundersucht der schwärmerischen und täuferisch gesinnten Theologen ihrer Zeit, so mutet die reformatorische Einstellung dem Wunder gegenüber geradezu als betont distanziert an.

Je mehr sich dann in der Folgezeit die Anschauung von der Geschlossenheit der Kausalwelt vollends verfestigte, um so mehr schwand auch die Wundererwartung überhaupt. Seit dem cartesianischen Dualismus der Substanzen ist dann für Wunder kaum noch Raum übrig; und seit sich vollends die Lehre von der prästabilierten Harmonie durchsetzt (Geulincx' Zwei-Uhren-Gleichnis), überhaupt nicht mehr. Demgegenüber muß man es geradezu als wunderbar ansehen, daß die Aufklärung nicht gänzlich mit dem Begriff des Wunders aufgeräumt hat, daß sie vielmehr, so schon bei Lessing, schließlich aus sich heraus ein neues Wunderverständnis anbahnte. Doch daneben verstärkte sich

---

78. Traditionell bezeichnet als Causa materialis, Causa formalis, Causa movens resp. efficiens, Causa finalis (Stoff-Ursache, gestaltbestimmende Ursache, Wirk-Ursache, Zweck-Ursache); s. hierzu *E. Hoffmann:* Platonismus und christliche Philosophie, S. 341 f.

auch der Zug rein kausalmechanistischen Denkens mehr und mehr; unterm Zwang dieses Denkens werden Wunder schließlich ganz ignoriert: Sollten sie sich je ereignet haben oder sollten sie gar noch vorkommen, so liegt das nur an Unkenntnis der noch verborgenen Ursachen rein kausalistisch-technischer Art. Moderne Naturwissenschaft und Technik sind nicht mehr rückgängig zu machen; auch ihre weltanschaulichen Voraussetzungen nicht. Dies zeigte sich ansatzweise schon in der Theologie der Reformatoren, wiewohl diese sich der naturwissenschaftlich-technischen Implikation der Gesamtproblematik noch nicht bewußt sein konnten. Sie mußten wohl einfach einer in der Scholastik in Gang gekommenen und von nun an nicht mehr völlig auszuschaltenden Eigengesetzlichkeit der immer kausalistischer werdenden Naturanschauung Rechnung tragen und, jeder auf seine Weise, versuchen, das biblisch (und allgemein religiös) doch so selbstverständliche Wunder im Gesamtrahmen einer, wie wir sagten, »besseren« Metaphysik unterzubringen. Der Weg, den die islamischen Orthodoxen im zehnten Jahrhundert einschlugen, war nun einmal im Abendland des sechzehnten Jahrhunderts nicht mehr gangbar. Die Wunderproblematik mußte anders gelöst werden. War und blieb das Wunder religiös dennoch unaufgebbar, und begann andererseits die Anschauung des geschlossenen Kausalnexus innerhalb des Reichs der »Natur« doch schon in der Renaissancezeit ihre Gültigkeit zu erweisen, so blieb nur noch der Weg nach vorn offen. Die Reformatoren sind, lediglich vorsichtig tastend zwar, auf diesem Weg vorangegangen.
Grundsätzlich ging es bei diesem Weg nach vorn um die Gewinnung einer neuen Weltanschauung, welche sowohl der nicht einfach zu verwerfenden, kommenden »Perfektion der Technik« (F. G. Jünger) vom biblischen Denken her ihr begrenztes Recht lassen würde, wie auch der religiös unaufgebbaren Transzendenzschwelle ihren Ort wahrte. Hatte sich das alte Schema von den zwei Sphären oder Welten, den Bereichen des Natürlichen und des Übernatürlichen, durch die neuen Denkzwänge allzusehr in ein räumliches Verständnis verwandelt, so ging es nunmehr darum, dieses religiös unbrauchbar gewordene Verständnis durch ein neuartiges Schema abzulösen, das wir heute wohl am besten mit dem von Karl Heim in die Theologie eingeführten Begriff der *Dimension* bezeichnen würden[79]. Man wird sagen dürfen, daß schon die Reformatoren, jeder nach seinen spezifischen Denkvoraussetzungen, eben dies versucht haben: Luther mit stärkster Animosität gegenüber der gängigen aristotelischen Metaphysik, aber auch am energischsten eine »bessere« Metaphysik postulierend, ja sie sogar in ihren Grundzügen entwerfend, und dies unter Rückgriff auf den traditionellen Begriffsapparat; Melanchthon mit ersichtlich größerem Zutrauen zu der Möglichkeit, philosophisch-kritisch und historisch-exakt zwischen »stoischer« und »christlicher« Metaphysik zu

79. *K. Heim:* Glaube und Denken, 2. Aufl., Berlin 1931.

scheiden; Calvin am wenigsten durch die traditionelle Problematik bedrängt, von seinem »Biblizismus« her am unbefangensten neue Wege einschlagend, dabei zugleich aber auch am weitesten künftige Lösungen vorwegahnend und sie schon, wie es ihm überhaupt möglich war, berücksichtigend.
Die Aufklärung hat dann die für die Reformatoren immer noch unbezweifelbaren biblischen Bezeugungen der Wunderphänomene sowohl naturalistisch wie historisch einer radikalen Kritik unterzogen. Mit Lessing und Schleiermacher wie Schelling setzt dann gewiß ein neues Denken ein, welches aber doch die geschehene radikale Kritik lediglich in die ihr angemessenen Grenzen verweist, sie aber nicht grundsätzlich bestreitet.
Drei Grundzüge beherrschen von da an in der Wunderproblematik das theologische Denken bis zu den Systematikern unseres Jahrhunderts. *Erstens:* Das eigentliche Wunder ist Christus; demgegenüber verlieren die biblischen Einzelwunder an Bedeutung (dieser Grundzug findet sich bereits bei den Reformatoren). *Zweitens:* Alles ist im Grund wunderbar (auch dies ist, wenigstens ansatzweise, reformatorisch). *Drittens:* Die naturalistische (K. Fr. Bahrdt, H. Ph. K. Henke, H. E. G. Paulus) und historische (Lessing, D. F. Strauß) Kritik bestimmt mehr oder weniger vernehmlich doch den allgemeinen Unterton, auch da, wo sie trotzig bestritten wird (Barth, Weber). Dem letztgenannten Grundzug widersprechen weiterhin natürlich alle Fundamentalisten, doch bleibt deren Einspruch von nun an bedeutungslos; Berücksichtigung, ja erheblich mehr Interesse als bislang üblich, verdiente jedoch ein anderer Widerspruch: Es ist der in religiöser Empirie fundierte, wie er vor allem bei solchen ernstzunehmenden Pietisten wie J. Chr. Blumhardt auftritt, bei Charismatikern also und Denkern zugleich, welchen wunderhafte Erlebnisse zu neuem theologischem Nachdenken, wenngleich manchen als unzeitgemäß erscheinendem, Anlaß boten.
Besondere Aufmerksamkeit verdient weiter vor allem die Symbolauffassung Tillichs; nicht, weil es eben aus apologetischen Gründen das Wunder unter allen Umständen zu retten gälte, wohl aber weil die religionswissenschaftlich gesicherten Ergebnisse der Forschungsarbeit von nun mehr als einem Jahrhundert die Bedeutung des Wunders für die Religion überhaupt jetzt deutlicher als bislang erkennbar werden lassen. Die apologetische Bedeutung des Wunderverweises ist freilich seit der Aufklärung grundsätzlich überholt; keiner der hier gewürdigten Theologen des zwanzigsten Jahrhunderts beruft sich noch auf die Wunder als Beglaubigung der Offenbarung. Und darin liegt nun doch ein wesentlicher Unterschied gegenüber der Zeit der Reformatoren, wenngleich auch schon bei diesen durchweg eine bemerkenswerte Zurückhaltung hinsichtlich einer Apologetik solcher Art festzustellen war.
Will man diesen letztgenannten Unterschied mit gutem Grund als nicht allzu schwerwiegend ansehen, so darf man doch feststellen: Abgesehen von dem in der Aufklärung auch theologisch zur Durchsetzung gekommenen Prinzip

der Relativierung des Historischen, ist eine durchgehende Linie theologischer Kontinuität in der Entwicklung des dogmatischen Verständnisses des Wunderproblems festzustellen. Aufs Ganze gesehen hat eine *organische* Entwicklung stattgefunden; die Dogmatiker unserer Zeit haben durchweg dieser organischen Entwicklung Rechnung zu tragen versucht, und haben das, jeweils in bestimmter Weise, auch geleistet. Das will viel besagen gerade beim hier anstehenden Thema. Denn am Wunder scheinen sich nach der Meinung des Zeitgeistes heute immer noch die Geister scheiden zu müssen. Doch eigentlich müssen sie das nicht; die Grundentscheidung fällt auf einem viel weiteren Gebiet, auf einem Gebiet nämlich, das eben so weit ist, wie der Horizont des Denkens überhaupt. Denn es geht heute ebenso wie je, jedoch bewußter als je, um die ganzheitliche Entscheidung. Doch muß gesehen werden, daß nah beim Mittelpunkt dieses Gesamtgebiets das Problem des Wunders angesiedelt ist. Denn Religion ist im Wesen wunderhafte Vermittlung von Transzendenz und Immanenz.
Allerdings bleibt ein Rest noch offen[80]. Im Lauf der mit den Reformatoren einsetzenden, über die Schwelle der Aufklärung bis zur heutigen Situation führenden organischen Entwicklung des theologischen Wunderverständnisses setzte sich immer stärker eine deutliche Spiritualisierung durch. Die Gottesoffenbarung in Christus als das eigentliche Wunder: Das verschiebt das Gewicht der Wunderproblematik in den Bereich des personhaft bestimmten Glaubens. Das ganze Sein ist wunderhaft: Das verschiebt das Gewicht in den Bereich der existenziell bestimmten Perspektive. Wo bleibt da noch Raum für das Materiell-Objektive, für das, was man das »Magische«[81] am Wunderphänomen nennen könnte, für das »Portentum« und das »Mirakel«, für materielle Vorgänge akausaler Art, die sich auch weit in die Hochreligion hinein immer wieder anmelden (z. B. Mt 21,18 ff.), doch sogar in der ganz profanen Welt vorkommen sollen? Hier üben die Theologen heute betont Zurückhaltung, denn die organische Entwicklung, von der die Rede war, hat nunmehr die Möglichkeit eröffnet, solche Vorgänge entweder existenzial zu interpretieren, oder symbolisch transparent zu machen, oder sie auf das Zentralereignis des Glaubens zu beziehen; wobei freilich immer offenbleibt, wieweit jeweils der Theologe überhaupt noch mit der Faktizität solcher Vorgänge rechnet: ja man wird sagen dürfen, daß selbst bei Barths energischer Apologie des materiellen

---

80. Für jede künftige theologische Arbeit über das Wunderproblem bietet eine neuere religionsphilosophische Untersuchung die notwendige Unterlage: Es handelt sich um die auf der analytischen Philosophie basierende Untersuchung von *Urban Forell:* Wunderbegriffe und logische Analyse, Göttingen 1967.

81. S. hierzu bes. *J. G. Frazer:* The Golden Bough. A study in magic and religion, New York 1943; *C. H. Ratschow:* Magie und Religion, Gütersloh, 1947; *A. Köberle:* Der magische Weltaspekt, in: Symbolon, Bd. 3, 1962.

Wunders faktisch doch der skeptische Unterton nicht überhört werden kann. Zugleich aber wächst derzeit unverkennbar ein neues, durchaus materielles Interesse an Wunderphänomenen. Wer etwa durch reine Willensanstrengung Gabeln zu verbiegen vermag, kann auf beträchtliche Zahlen auch ernsthafter und ernstzunehmender Interessenten rechnen. Sind diese Phänomene nun für die systematische Theologie bedeutungslos geworden, sind sie sozusagen theologisch aufgearbeitet?

In gewisser Hinsicht sicher, vielleicht sogar in der wesentlichen. Doch muß auf einen hierfür nicht unwichtigen Umstand besonders hingewiesen werden. Bei Lessing und Schleiermacher schon war zu hören, daß es Wunder vor sehr langer Zeit gegeben haben mag, aber in der Neuzeit gibt es nun eben doch keine mehr. Bis weit ins zwanzigste Jahrhundert hinein verstand es sich dann für den theologischen Akademiker, auch für jenen, der an die supranaturalen Mirakel des NT noch glaubte, ziemlich von selbst, daß mit Wundern nicht zu rechnen sei; Wunder kommen in unserer heutigen Welt eben nicht vor.

Nunmehr rührt sich aber nicht nur eine offenbar latent gebliebene Wundererwartung in unerwarteter Breite wieder, und nicht zuletzt in der sogenannten gebildeten Schicht; es mehren sich vielmehr auch ernstzunehmende Dokumentationen über parapsychologische Phänomene[82]. Darin wird man zum Teil eine verständliche, aber nicht allzu bedeutsame Reaktion auf den übersteigerten Materialismus der technischen Zivilisation sehen dürfen; doch ist damit das Phänomen nicht aus der Welt geschafft. Jedenfalls ist es eine feststellbare Tatsache, daß sich heutzutage, und dies sogar unter ernstzunehmenden Naturwissenschaftlern, eine Denkweise ausbreitet, für welche das geschlossen kausalistische System der Naturwissenschaft des neunzehnten Jahrhunderts als antiquiert gilt. Was aber dabei für unser Thema das wesentlichste ist, das ist die Tatsache, daß diese Denkweise sich heute auch auf eine so große Zahl gut belegter immanenter Phänomene stützen kann, wie das noch vor wenigen Jahrzehnten unvorstellbar war. Trotz allen Unfugs, der sich häufig hinter »Psi-Phänomenen« verbergen mag, es muß doch Aufmerksamkeit erwecken, daß sowohl in den USA wie in der Sowjetunion parapsychologische Forschungen mit bemerkenswerter Energie betrieben werden.

Daraus, freilich nicht nur daraus, kann doch die Folgerung abgeleitet werden, daß sich, wenn auch vorläufig noch nicht allgemein, ein neues Naturverständnis abzuzeichnen beginnt[83]. Der Psychologe C. G. Jung hat zusammen

---

82. S. hierzu: Parapsychologie. Entwicklung, Ergebnisse, Probleme, hg. von H. Bender, Darmstadt 1966.

83. Der frühe wie der späte Karl Heim hat solche parapsychologischen Phänomene stets als für die Weiterentwicklung des theologischen Denkens über die materialistisch beeinflußte Engführung hinaus entscheidend bedeutsam angesehen; s. *K. Heim:* Ich gedenke der vorigen Zeiten, Hamburg 1957, S. 304ff.

mit dem Physiker (Nobelpreisträger) W. Pauli eine Studie veröffentlicht, in der dieses neue Bild der Natur unter dem Stichwort »Synchronizität« umschrieben und untersucht wird[84]. Es stellt sich nun die Frage, ob diese Thematik auch für die Systematische Theologie Bedeutung haben kann. Bislang ist die Theologie auf dieses neue Thema empirischer Wissenschaft noch kaum eingegangen. Diese Zurückhaltung ist auf Grund der geschilderten organischen Entwicklung verständlich. Doch wird es in näherer oder fernerer Zukunft mit Zurückhaltung allein nicht getan sein; Wandlungen im Weltbild fordern die theologisch-systematische Untersuchung immer neu heraus. Das scheinbar abgetane Wunderthema könnte neue Überraschungen bringen. Das läge aber im Wesen des Wunderhaften.

II. Segen (und Fluch)

Die Segen-Fluch-Thematik hat aufgehört, ein dogmatisch relevanter Gegenstand zu sein[85]. Die Reformation schränkte im Luthertum deren Bedeutung aufs Liturgische (Abendmahl; Aaronssegen) und Christologische (Versöhnungslehre) ein, die reformierte Theologie verzichtete auf das liturgische Element, das allgemein alttestamentliche Segensverständnis wurde demgegenüber erneuert. Die Aufklärung verursachte dann den weiteren Schwund. Die Theologen des zwanzigsten Jahrhunderts verzichteten schließlich so gut wie ganz auf weitere Erörterung dieses Themas.
Das könnte hingenommen werden, wenn es sich, religionsgeschichtlich gesehen, lediglich um Randerscheinungen des religiösen Lebens handelte und, liturgiegeschichtlich gesehen, bloß um belanglose Relikte. Aber beides trifft eben nicht zu.
Aus dem Bereich der Religionsgeschichte braucht nur an das Judentum erinnert zu werden, wo berakah (Segen) heute noch jene zentrale Stelle einnimmt

84. *Jung-Pauli:* Naturerklärung und Psyche, Studien a. d. C. G. Jung-Institut IV, Zürich 1952; Jungs Beitrag jetzt in: Werke, Bd. 8, Zürich 1967.
85. Das gilt natürlich nur mit Einschränkungen. Der Lutheraner A. Köberle hat dem Thema Segen (wie übrigens auch den Themenkreisen Wunder und Engel) stets Aufmerksamkeit gewidmet; von seinen neuesten Veröffentlichungen sei z. B. genannt: *A. Köberle:* Biblischer Realismus, Wuppertal 1972, S. 20–34.

wie seit jeher. Unterm (christlich-) liturgiegeschichtlichen Aspekt ist daran zu erinnern, daß nicht nur die heute noch gebräuchliche sakramentale Konsekration in ungebrochener Linie aus dem alttestamentlichen Segen hervorgegangen ist, sondern daß Segensformeln im allgemeinen Bewußtsein heutiger Gottesdienstbesucher neben Gebet und Lied das eigentliche Charakteristikum jeder kirchlichen Feier sind; zu erinnern ist auch daran (ikonographischer Aspekt), daß in jedem Kultraum der orthodoxen Ostkirche das Bild des Pantokrators die beherrschende Stelle einnimmt, und zwar mit der Segensgebärde[86]! Aber die Dogmatik hat zum Segen nichts mehr zu sagen. Das sollte zu denken geben; dieser Widerspruch weist jedenfalls auf einen inneren Zwiespalt hin zwischen dogmatischer Theorie und religiösem Leben.
Will man diesen Zwiespalt künftig zu beheben versuchen, so wird man die Ursachen des Schwunds von religiösem und theologischem Interesse an der Segen-Fluch-Thematik untersuchen müssen. Die Restriktion des Segens auf den liturgischen Bereich wäre für sich allein genommen kein Anlaß für den Schwund gewesen. Sie wurde es erst dadurch, daß im Protestantismus der Gedanke des allgemeinen Priestertums sowohl in Gesamtgemeinde wie Hausgemeinschaft verblaßte, wenn nicht gar zur leeren Formel wurde. Wo aber kein allgemeines Priestertum ist, hat auch der einzelne nichts mehr zu segnen.
Das im Christentum zur Selbstverständlichkeit gewordene Verbot des Fluchens[87] wäre für sich allein genommen ebenfalls kein Anlaß für den Schwund gewesen. Daß aber das Wissen um die hintergründige und unterschwellige Macht des religiösen Worts geschwunden ist und daß die Dogmatik zu Gal 3,10ff. nichts mehr zu sagen hat (und das aus eben diesem Grund), das erst hat verhängnisvoll gewirkt.
Auch die im reformierten Bereich weit verbreitete Säkularisierung des Segensbegriffs wäre für sich allein genommen kein Anlaß für den Schwund gewesen, sie könnte sogar geradezu die Grundlage für eine künftige Neubelebung darstellen. Voraussetzung für die religiös und theologisch notwendige

86. Benedictio latina, zweiter und dritter Finger gestreckt, Daumen gegen den Ringfinger gestellt, ist die altkirchliche Segensgebärde.
87. Mit Ausnahme des erwähnten Anathema im Anschluß an Gal 1,8, das früh schon zum Reservat für Patriarchen, Konzilien und Päpste zum (vermeintlichen) Schutz von Lehrdefinitionen wurde; in den evangelisch-lutherischen Bekenntnisschriften hat sich dieser Brauch, wenn auch etwas abgeschwächt, als »Damnamus« erhalten. In Wirklichkeit aber ist das Gefühl für die Wirksamkeit solcher Verdammungen in der Christenheit schon seit geraumer Zeit verschwunden. Um so mehr hat sich dann aber im säkularisierten Bereich unserer Gesellschaft die Unsitte des Fluchens ausgebreitet, ja sie wächst mit zunehmender Entfernung von der lebendigen Religion, wie das beispielsweise aus der Sowjetunion von A. Solschenizyn und A. Amalrik an zahlreichen Stellen ihrer Schriften berichtet wird.

Neubelebung aber wäre es, daß die Theologie sich zunächst ernsthaft die Frage stellte, ob nicht vielleicht die Resistenzfähigkeit und Lebenskraft der jüdischen Religion bis zur Gegenwart sich, neben einigen weiteren Faktoren gewiß, doch insbesondere daraus erklären läßt, daß dort die kraftvolle alttestamentliche Segenspraxis weithin lebendig geblieben ist. Ein solcher Blick auf die eigene religiöse Herkunft, gerade hinsichtlich der Segen-Fluch-Thematik, müßte auch ganz allgemein für zukünftige dogmatische Entwürfe hilfreich sein.

III. Engel (auch Dämonen)

An die wichtigste These von Althaus darf nochmals erinnert werden: Eine im Tiefsten personalistisch strukturierte Religion kann sowenig, wie bei der Ausgestaltung ihres Gottesbegriffs, auf einen angelologischen Personalismus ganz verzichten, und von daher auch nicht auf das Bekenntnis zur ontologischen Realität der Engelmächte. Denn zum religiösen Personalismus gehört nun einmal auch der Gedanke, daß die Ich- und Du-haftigkeit nicht auf den alleinigen Hochgott und auf seinen menschlichen Partner beschränkt sein kann, sondern allgemein im Grund des Seins angelegt sein muß; und dies verlangt dann auch folgerichtig, daß es Personhaftigkeit einerseits »unterhalb« von Gottes Existenz-Sphäre, andererseits aber auch »oberhalb« der Sphäre des sich als begrenzt verstehenden Menschengeistes geben müsse, weil anders der idealistische Solipsismus im Sinn der Vorstellung von einem einzigen Universal-Ich unausweichlich wird und damit eine personhafte, im Ich-Du-Verhältnis wurzelnde Gottesbeziehung (F. Ebner, M. Buber) nicht mehr durchzuhalten ist. Entweder der personhafte Hochgott und dann aber auch seine »Engel«– wie auch immer diese Wesenheiten konzipiert sein mögen –; oder die auf rein intellektueller und also eben nicht auf religiöser (und das heißt ganzheitlich praktizierender) Methode basierende Selbstidentifikation mit irgendeiner Art Weltgeist: dies ist die unausweichliche Alternative.
Daß gar eine Religion wie die christliche, deren Wesen in der Vermittlung von Transzendenz und Immanenz liegt, nicht grundsätzlich auf emanatorische Zwischeninstanzen verzichten kann, wenn sie zugleich auf irgendeine Weise an göttlichen Hypostasen wie Sohn und Geist festhalten will, liegt auf der Hand. Origenes wird immer neu gerechtfertigt.

Neben diesem dogmatischen Gesichtspunkt muß auch der religionshistorische und -typologische hervorgehoben werden. Mit dem Entstehen des Henotheismus, dann des Monotheismus ist offenbar allenthalben die Lehre von vermittelnden Engelhierarchien unausweichlich verbunden, wenn ein statischer Pantheismus, der schließlich zum reinen Naturalismus absinkt, vermieden werden soll: das zeigt der Blick auf alle monotheistisch-personhaft strukturierten Hochreligionen deutlich genug. Die möglichen Modelle sind alle durchgespielt, nirgendwo konnte auf eine Engellehre grundsätzlich verzichtet werden. Auf der andern Seite zeigt die Geistesgeschichte der Aufklärungstheologie eindeutig genug, daß mit dem Mantel der Herzog fallen muß. Die Preisgabe der Angelologie bedeutet also keineswegs ein nur äußerliches Symptom, mit ihr beginnt vielmehr offensichtlich der Zerfall des Theismus überhaupt. »Nachtheistische« Versuche aber lohnen die Rede nicht.

Ein wesentlicher Gesichtspunkt dürfte in der Beobachtung liegen, daß von verschiedensten Seiten her betrachtet die Welt der religiösen Macht immer als in sich hierarchisch geordnet und zugleich gequantelt und gestaltet erscheint, genauso wie die äußere Welt der »Natur« und die innere Welt der »Seele«. Und wo dem personhaften Moment der Ich-Du-Beziehung schon im rein Menschlichen und dementsprechend auch im Religiösen besonderes Gewicht zugemessen wird, kann dann ein personhaftes Element auch in der Hierarchie der Seinsstufen, der Wahrheiten und der Werte, nicht völlig fehlen.

Schließlich sollte noch stärker als üblich jene problematische Abstinenz der Dogmatik überdacht werden, welche dazu geführt hat, daß die religionsphänomenologisch und religionspsychologisch gebotene Besinnung auf den archetypischen Rang von religiösen Erkenntnissen und Wirklichkeiten, an denen das Christentum ursprünglich in gleicher Weise wie die außerchristlichen Religionen teilhatte, bislang einfach noch nicht hinreichend zum Zug gekommen ist. Das Zeugnis der Hochreligionen in der Fülle ihrer Erscheinungsweisen sollte mehr Beachtung finden, gerade hinsichtlich der Engellehre; es würde dann eine allgemeine religiöse Grundstruktur erkennbar werden, die vor allem in keiner theistischen Religion vernachlässigt werden kann, ohne daß die religiöse Lebendigkeit selbst entscheidend gelähmt würde. Dies lenkt den Blick wieder auf die oft schon erwähnte »indirekte Metaphysik«, eine Aufgabe vor allem künftiger Religionsphilosophie.

Will man aus diesen Erwägungen Folgerungen ziehen, so wird man sich vor allem an einen wichtigen Gedanken Schleiermachers erinnern: Wie auch immer eine künftige dogmatische Neufassung der Engellehre aussehen möge, so wird jedenfalls für die liturgische Seite des Komplexes ein gesichertes Existenzrecht gewonnen werden müssen. Versuche der Berneuchener in dieser Richtung könnten hierbei hilfreich sein.

Zum Schluß sei das Problem in die Form der provokativen Frage gefaßt, ob es nicht einfach deswegen Engelvorstellungen gibt, weil Engel sind. Es scheint eine allgemeine religiöse Grunderfahrung zu sein, daß der gläubige Mensch, von der Macht der mythischen Wirklichkeit überwältigt, sein eigentliches Leben, seine »zoé« nach johanneischem Sprachgebrauch, durch Gottes »unaussprechliches Nahesein« (F. Chr. Oetinger) qualifiziert weiß; dieses Nahesein aber kann sich, da bis ins Materielle hineinwirkend, nur durch zahllose Vermittlungen verwirklichen. Diese Vermittlungsgrößen können in einer personhaft strukturierten theistischen Religion personhafter Züge nicht völlig entbehren, da anders der personhafte Gott nicht in die diesseitige Sphäre hinein vermittelt werden kann. Der religiöse Mensch weiß sein leibliches wie sein geistliches Leben von Engelmächten getragen und gehalten; und da in heutiger Zeit personhafte Züge in keiner Hochreligion fehlen, nicht einmal im Theravada-Buddhismus, geschweige denn im Hinduismus, so gehört die Vorstellung von Engelmächten zum Grundbestand jeder heute lebendigen Hochreligion. Versteht man das Wesen der Engelmächte vom Vermittlungsgedanken her, so könnte man, mythologisch formuliert, geradezu sagen: Die Religion selbst ist nichts anderes als das vornehmste Werk der Engel, deren Beruf es ist, Gott dem Menschen nahezubringen.

Um das Problem noch schärfer zu beleuchten: Vermittlungsgrößen von durchaus dinglicher Art sind im christlichen Allgemeinbewußtsein zu einer theologischen Selbstverständlichkeit geworden (Wasser, Brot, Wein); ein im Rotationsdruck hergestelltes Buch gilt als Heilige Schrift; und überraschende Bewahrung vor einem drohenden Straßenunfall gilt immer noch als Gottes Vorsehungshandeln. Für dies alles hat die in Jahrhunderten entwickelte Theologie des Worts einen brauchbaren Verstehensrahmen geschaffen. Nur Engelvorstellungen gelten heute, trotz der geschilderten theologischen Angelologien, weithin als Ausdruck von Kinder- (oder gar Köhler-)Glauben.

Hier scheint noch manches auf theologische Aufarbeitung zu warten. Engelvorstellungen müssen nicht unbedingt mythologistisch sein. Sowenig wie die genannten dinglichen Vermittlungsgrößen als bloß magisch angesehen werden dürfen, sowenig eine wirklich theologisch verarbeitete künftige Engelvorstellung als mythologistisch. Die Personhaftigkeit Gottes müßte in einem weiteren Horizont gesehen werden: Daß die Gottperson *eine* ist, das versteht sich im christlichen Monotheismus von selbst; doch der Gedanke, daß der Eine sich in *vielen* Personifizierungen offenbaren kann (vielleicht muß?), ist noch zu wenig untersucht. Daß es sich hier um eine Paradoxalität handeln könnte, die dem Gottesgedanken durchaus angemessen wäre; und daß durch eine solche Paradoxalität endlich wieder die unendlich vielfältige Natur eine neue Transparenz gewinnen könnte, und zwar auf ihren einen, personhaften, göttlichen Hintergrund hin, und dies eben durch das Medium vielfältiger Engel-Personalitäten: dieser Gedanke sei wenigstens als Andeutung vorgetragen.

Wie die angelologische Grundwahrheit sich in dogmatisch sachgemäßer Weise neu formulieren läßt, dies dürfte jedenfalls eine nicht unwesentliche künftige Aufgabe jener Art von theologischer Arbeit sein, welche sich anschickt, die jeweiligen Erkenntnisse der Religionsgeschichte, der Religionspsychologie und der Religionsphilosophie, aber auch der Naturphilosophie in neuer Weise aufzuarbeiten. So wie christliche Theologie, wo sie noch Theologie ist, mit einfacher Selbstverständlichkeit von »Gott« redet und damit einen allgemein-religiösen Grundbegriff zur Grundlage ihres eigenen Denkens macht – nicht ohne freilich dann durchweg diesen Grundbegriff vom spezifisch Christlichen her neu zu durchleuchten und neu zu fassen –, mit derselben Selbstverständlichkeit müßte sie auch die allgemein-religiöse Vorstellung und Rede von den Engeln als Vermittlungsmächten einfach als mitvorauszusetzende Grundlage für jede denkbare Gottesvorstellung übernehmen und theologisch verarbeiten. Die Aufgabe wäre dann nicht etwa bloß eine biblizistische Konzipierung einer eigenständigen Engellehre, sondern, weit umfassender, einfach die sachgemäße Einfügung dieser Lehre in den für jedes Lehrstück neu zu entwerfenden Gesamtrahmen des christlichen Denkgefüges.

Aufschlußreich für die hier geschilderte Problematik ist auch die Entwicklung des Verständnisses von Dämonen und vom Dämonischen. Gerade hier wäre auf die Hilfeleistung zu achten gewesen, welche die neuere Religionshistorie dem Dogmatiker anbietet. Die Vorstellung von einer Dämonenwelt mußte einfach ausgebildet werden, sobald die Religion zu einem eindeutigen Hochgottglauben und zur monotheistischen Konzeption von einer geistigen Hierarchie durchdrang. So gesehen sind die Dämonen nun mythologisch gesprochen eben doch die »Vettern der Engel« (gegen Barth II/3, 609). Diese Feststellung kann, für sich allein genommen, natürlich zu einem verfehlten und beruhigten sich Abfinden mit einer derartigen objektiven Faktizität führen; aber gilt dies nicht in gleicher Weise für alle dogmatischen Bestimmungen? Kann nicht z. B. Barths so selbstverständlich anmutende Rede von Gott und Christus zu einer gleichermaßen objektivistischen Einstellung führen? Es müßte gerade in der künftigen Dogmatik viel eingehender danach gefragt werden, ob nicht die geistigen Helfermächte (Engel) wie auch die geistigen Irreführer und Widersacher (Dämonen) in ihrer vollen Realität erst dann begriffen werden können, wenn man sie auch vom Archetypenschema der Tiefenpsychologie her in ihrem Wirklichkeitscharakter zu erkennen lernt. Dies würde die etwas blasse, von der Spätromantik geprägte, Vorstellung vom »Dämonischen« als einer rein anthropologischen Kategorie (so bei Althaus, aber auch bei Tillich) erheblich vertiefen und entscheidend verdeutlichen.

IV. Zusammenfassung

Beim Problemkreis um das Stichwort *Wunder* war festzustellen, daß von der reformatorischen Position her zu derjenigen unserer Zeit eine vorwiegend organische Entwicklung stattgefunden hat. Beim Problemkreis um das Stichwort *Segen* war festzustellen, daß sich ein Konzentrationsprozeß auf den rein liturgischen Bereich, eine Liturgisierung also, abgespielt hat, während die frühere Weite des Begriffs theologisch weithin preisgegeben wurde, wobei andererseits der Begriff des »Segens« zu einer vorwiegend säkularistischen Phrase geworden ist. Beim Problemkreis um das Stichwort *Engel* war festzustellen, daß sich hier am stärksten das entmythologisierende Streben nach Elimination ausgewirkt hat. Das Wunder war zu retten durch eine Spiritualisierung der Art, wonach rundweg alles als wunderhaft anzusehen sei; das christologische Reservat für den Wunderbegriff, wonach eben Christus das eigentliche Wunder ist, kann aber nicht mehr energisch genug verteidigt werden, wenn man zugleich allzu bereit ist, alles Außerchristlich-Religiöse als irrelevant abzutun und damit das Wunder (wie auch den Segen) als ein allgemeines Phänomen preiszugeben. Von Engeln (oder gar von Dämonen) zu reden, hat in einem solchen System dann auch keinen rechten Sinn mehr; sie werden zu mehr oder weniger bedeutsamen und verbindlichen Chiffren einer speziell christlichen Mythologie. Sie symbolisieren damit freilich in fataler Weise, daß auch die Rede von Gott, trotz lautstarker Abstreitung, doch ins Mythologistische abgeglitten ist.

Als Hintergrund dieser Auffassung läßt sich jener breite und tiefgehende Spiritualismus feststellen, der nur noch von Offenbarung, Wort und Wortannahme zu reden weiß. Verlorengegangen ist offensichtlich die genuin religiöse Fähigkeit, die Manifestation Gottes in der ganzen Breite und Tiefe von Natur und Geschichte, also auf dem Feld, das man früher der »allgemeinen Offenbarung« freizuhalten wußte, kräftig genug zu vertreten.

Wunder, Segen, Engel: ihr gemeinsames Wesensmerkmal ist, daß sie Vermittlungsgrößen sind. Sie vermitteln, hin und her, zwischen immanentem und transzendentem Bereich. Ihr Wesen ist also zu bestimmen durch den Begriff »transzendierende Mittlerschaft«. Gottes Wesen (Essentia Dei) ist Liebe (1Joh 4,16); und der bestimmende Wesenszug von Liebe ist, daß sie Mittlerschaft übt, ja Mittlerschaft ist. Der Wesens-Zusammenhang des christlichen Gottesglaubens mit der Erkenntnis der Wirklichkeit jener vermittelnden Seinsmächte, von denen hier die Rede war, ist folglich viel enger, als es der modernistische Spiritualismus zuzugeben vermag. Dies nötigt zur Besinnung auf bislang noch zu wenig beachtete Möglichkeiten für radikale theologische Neuansätze, an denen wir nicht vorbeikommen werden.

Literaturverzeichnis

Althaus, P.: Das Kreuz und das Böse, in: ZSTh 15 (1938), S. 169–193.

Barth, K.: Die protestantische Theologie im 19. Jahrhundert, 2. Aufl., Zürich 1952.

Baur, J., E. Käsemann, E. Lohse, G. Mensching, W. Philipp, W. Vollborn: Art. Wunder, in: RGG, 3. Aufl., Bd. VI, Sp. 1831–1845.

Bender, H. (Hg.): Parapsychologie. Entwicklung, Ergebnisse, Probleme, Darmstadt 1966.

Die *Bekenntnisschriften* der evangelisch-lutherischen Kirche, 4. Aufl., Göttingen 1959.

Bitter, W. (Hg.): Magie und Wunder, Stuttgart 1959.

Bring, R.: Gesetz und Evangelium und der dritte Gebrauch des Gesetzes in der lutherischen Theologie, Helsinki 1943.

Bultmann, R.: Zur Frage des Wunders, in: Glauben und Verstehen I, Tübingen 1966, S. 214–228.

Ebeling, G.: Zur Lehre vom triplex usus legis in der reformatorischen Theologie, in: Wort und Glaube, Bd. 1, Tübingen 1960.

Eichhorn, W.: Die Religionen Chinas, Stuttgart 1973.

Eisler, R.: Wörterbuch der philosophischen Begriffe, Bd. 2, Berlin 1929.

Elert, W.: Zwischen Gnade und Ungnade, München 1948.

Forell, U.: Wunderbegriffe und logische Analyse, Göttingen 1967.

Frazer, J. G.: The Golden Bough. A study in magic and religion, New York 1943.

Glasenapp, H. v.: Die fünf Weltreligionen, Gütersloh (o. J.).

Gogarten, F.: Gericht oder Skepsis, Jena 1937.

Guardini, R.: Wunder und Zeichen, Würzburg 1959.

Hamann, J. G.: Sämtliche Werke, hg. von J. Nadler, Bd. 3, Wien 1951.

Harnack, A. v.: Dogmengeschichte, 6. Aufl., Tübingen 1922.

– Lehrbuch der Dogmengeschichte III, Darmstadt 1964.

Haussig, W. (Hg.): Wörterbuch der Mythologie, Bd. I, Stuttgart 1964.

Heim, K.: Der evangelische Glaube und das Denken der Gegenwart II, 4. Aufl., Hamburg 1955.

– Ich gedenke der vorigen Zeiten, Hamburg 1957.

Hoffmann, E.: Platonismus und christliche Philosophie, Zürich und Stuttgart 1960.

Holl, K.: Ges. Aufsätze zur Kirchengeschichte I, Tübingen 1932.

Jánoska, G., und F. Kauz (Hg.): Metaphysik, Darmstadt 1977.

Jung-Pauli: Naturerklärung und Psyche, Studien a. d. C. G. Jung-Institut IV, Zürich 1952.

Kerényi, K.: Die Eröffnung des Zugangs zum Mythos, Darmstadt 1967.
Kittel, G.: Theologisches Wörterbuch zum Neuen Testament, Stuttgart 1957.
Köberle, A.: Biblischer Realismus, Wuppertal 1972.
– Der magische Weltaspekt, in: Symbolon, Bd. 3, 1962.
Leeuw, G. van der: Phänomenologie der Religion, Tübingen 1956.
Lessing, G. E.: Werke, hg. von K. Wölfel, Bd. 1 und 3, Frankfurt 1967.
– Werke, Bd. 7, Darmstadt 1976.
Link, W.: Das Ringen Luthers um die Freiheit der Theologie von der Philosophie, 2. Aufl., München 1955.
Mann, U.: Das Christentum als absolute Religion, Darmstadt 1970.
– Einführung in die Religionsphilosophie, Darmstadt 1970.
– Ethisches und Ontisches in Luthers Theologie, in: KuD 3 (1957), S. 171–207.
– Die Religion in den Religionen, Stuttgart 1975.
– Theogonische Tage, Stuttgart 1970.
Mensching, G.: Das Wunder im Glauben und Aberglauben der Völker, Leiden 1957.
Parrot, A.: Der Louvre und die Bibel, Zürich 1961.
Ratschow, C. H.: Das Christentum als denkende Religion, in: NZSTh 5 (1963), S. 16ff.
– Magie und Religion, Gütersloh 1947.
Reisner, E.: Der Dämon und sein Bild, Berlin 1955.
Reitzenstein, R.: Hellenistische Wundererzählungen, 2. Aufl., Darmstadt 1963.
Rengstorf, K. H.: Art. Teras, in: ThW, Bd. VIII, S. 113ff.
Schipperges, H.: Paracelsus, Stuttgart 1974.
Schleiermacher, F.: Der christliche Glaube, 7. Aufl., Berlin 1960.
– Über die Religion. Reden an die Gebildeten unter ihren Verächtern (Philos. Bibl. 255), Hamburg 1958.
Schöpsdau, W.: Die Evidenz Gottes im Mythos, Diss. in M. schr., Mainz 1972.
Thielicke, H.: Das Wunder. Eine Untersuchung über den theologischen Begriff des Wunders, in: Theologie der Anfechtung, Tübingen 1949, S. 94–134.
Weber, M.: Gesammelte Aufsätze zur Religionssoziologie, Bd. I–III, Tübingen 1963–1971.
Weinreich, O.: Antike Heilungswunder, Gießen 1909 (jetzt Berlin 1969).
Weischedel, W.: Der Gott der Philosophen, 3. Aufl., Darmstadt 1975.
Widengren, G.: Die Religionen Irans, Stuttgart 1965.
Wrede, W.: Das Messiasgeheimnis, 3. Aufl., Göttingen 1963.

Sachregister